神相全編正義

八幡書店

翻刻にあたって

本書は、陳摶《ちんたん》（陳希夷）著・石龍子《せきりゅうし》法眼《ほうげん》改誤・石孝安《せきこうあん》執筆『神相全編正義』を書き下し文にしたものである。底本は文化三年版を使用した。

『神相全編』は、中国の五代～宋の時代の陳摶が著した書とされる。陳摶は武当山にて仙術を極め、希夷という号を宋の太宗から授かり、字は図南、相法中興の祖と称される。陳摶は、中国五嶽のひとつ、華山の石室に隠栖していた麻衣仙人に師事し、それまで仙伝であった人相術の秘伝を書き留めたとされるが、これが『神相全編』である。同様の書として『神異賦』がある。

後に明代になって、相術の研究家である袁珙《えんきょう》（字は廷玉。号は柳荘《りゅうそう》居士）と忠徹《ちゅうてつ》（字は静思。号は柳荘）の父子がこれを訂し、広く世に伝わったということである。

『神相全編』は、本邦においては、慶安四年（一六五一）に梅村三郎兵衛を版元として刊刻され、返り点、送り仮名も付されている。かの水野南北も熟読、自家薬籠中のものとしたという。


石龍子法眼（藤原相明）は、江戸時代後期に活躍した観相家で、二代目の石龍子として知られるが、人相学研究の一環として、唐本『神相全編』ならびに和本（慶安四年版）の誤りと思われるものを訂する作業を行っていた。その訂本を見た弟子達の要望もあり、改訂版『神相全編』の出版を決意、文化二年（一八〇五）に息子の石孝安（藤原相栄。後の三代目石龍子）が、更に校訂を加え木版で上梓したのが『神相全編正義』である。

石龍子法眼は、本書自序において、唐本『神相全編』について「其の書為《た》るや、玄機明透にして更に余蘊《ようん》無し。但其の伝を広むる時、妄《みだ》りに天機を洩すことを恐れ、文をして顚倒し、義をして反覆し、或は要訣を脱し、間《まま》隠語を雑《ま》じゆ。苟《いやしく》も師伝に非ずんば、其の極を得ざらしむ。法を重んずること切なるに似たりと雖《いえど》も、人を昧《くらま》して何の益かあらん。是れ予が取らざる所なり。乃《すなわ》ち家童に命じて之を正し、剞劂《きけつ》に授けて之を公《おおやけ》にす」としているように、天機を洩らさないための改竄を訂したとしている。

ちなみに初代石龍子は、正徳四年（一七一四）に江戸芝三島町（現在の港区芝大門一丁目）に居を構え、江戸で医業の傍ら観相学を始めた人物である。また、明治大正期の五代目の頃には石龍子ブームが起こるほどであった。昭和の初期に活躍した石龍子は六代目で、『観相学大意』『形貌学講義』等の著作があり、孔版の『和解　神相全編正義』を昭和十年に性相学会から出版している。観相家としての石龍子は六代目が最後とされる。

『神相全編』に関する出版物は、東京占業組合連合会から昭和十四〜十七年に刊行された田畑大有著『易学教科書　人相篇（前中後編）』『易学教科書　手相篇（巻二）』がある。田畑大有は、慶安版を底本として、文化版（改誤正義本）を参考にしたとある。いずれの版にも誤りが多いとしている。

谷村春樹著『評註　神相全編稿本』（子卿篇　二巻本　日本相学社　昭和十四、十五年刊）は、ボリュームは『神相全編正義』に及ばないが、「相法入門」「相弁微芒」「相五徳配五行」「相神気」「相徳器」等、現在、中国で刊行されている『神相全編』には見られるものの、慶安版、文化版には収録されていない項目も収録している。『評註　神相全編稿本』の頭註には、「旧本」「新本」「正義本」の区別があることから、最初に輸入された唐本『神相全編』とは別の異本が後になって日本に伝わったとも考えられる。

ちなみに、石龍子法眼は、『神相全編正義』に先立ち、「相法入門」「相弁微芒」「相五徳配五行」「相神気」「相徳器」の五項目を『相法神心論』（乾坤巻）として、安永六年（一七七七）に上梓している。

本書は、人相学の古典とされる『神相全編正義』が、古書でしか入手できない現状を鑑み企画されたものである。初学の方を含めて、少しでも人相学を学ぼうとされる方に読んでいただけるようにと、訓読漢文のままでは読みにくいため、書き下し文にした。ただ、あくまで古典のテイストは残しておくべきであるという、斯道の先達のご意見を採り入れ、現代文にすることはせず、文化版を底本として、なるべく忠実に編纂することに努めた。

なお、編纂・校訂の方針は左記によった。

一、使用漢字は、原則として新字体とした。

一、仮名遣いは、原則として歴史的仮名遣いとした。

一、適宜句読点を付し、改行を施した。

一、振り仮名については、あくまで判読の便を重視して、原則として現代仮名遣いとした。

一、原本の欄外註、ならびに、見出しに付された割り書きには、慶安版からの改訂内容が記載されてあったが、これは省略した。

一、原文左に語彙の注釈があるものは、なるべく括弧の中にまとめた。ただし、語彙から意味を容易に推測できるものは省略した。

編集部

神相全編正義序

黄帝《こうてい》（古の天子）岐伯《きはく》（人名）、色脈《しきみやく》を論じ、大王（周の大王）史佚《しいつ》（人名）、善《よ》く人を相す。孔門《こう》の心法、釈氏《しやく》の神通《じんつう》、皆相法の大幹《かん》を得る者なり。伯益《はくえき》（人名）獣を相し、寧戚《ねいせき》（人名）牛を相し、穆楽《ぼくらく》（穆王と伯楽）馬を相し、虔煥《けんかん》（呂虔と雷煥）剣を相し、淮南《わいなん》（淮南王）鵠《こく》（くぐい）を相し、東方（東方朔）笏《こつ》を相す。皆相法の小枝《しようし》を得る者なり。

相法の大なる、上《かみ》、天時に律《のつと》り、下《しも》、水土に襲《よ》る。中、人事を明《あき》らめ、遍《あまね》く物理《ぶつり》に通じ、然して後、能《よ》く其の精妙《せいみよう》に造《いた》ることを得ん。之を人に施《ほどこ》すや、大いなるときは、則ち性命を活《い》かし、小しきなるときは則ち難厄《なんやく》を救ふ。其の妙用極《きわ》まり無く、其の神機《しんき》測《はか》り難し。其の神妙体用《たいよう》を窮《きわ》むる者は、独《ひと》り龍法眼嵩《すう》山先生一人而已《のみ》なり。先生の見《けん》、古今に卓犖《たくらく》し、学《がく》、儒仏に超越《ちょうえつ》す。教えは三教を研究し、眼は五眼《ごげん》（肉眼・慧眼・法眼・天眼・仏眼）を具足せり。八載（八年）四海を経歴して、而して山川風土の異を弁じ、其の際《あいだ》百家を雑記して、而して人物賢愚《けんぐ》の情に達す。道統《どうとう》の為《ため》に身を忘るること未曾有《みぞう》なり。法宝を以て人を済《すく》ふこと不可量《ふかりょう》なり。謂つ可《べ》し、千古の大器、万世の規模なりと。

僕不肖なりと雖《いえど》も、風鑑《ふうかん》の道に志《こころざし》有り。其の仁風を聞き、其の道義を慕《した》ひ、往《ゆ》いて座下に拝謁《はいえつ》すれば、仙骨高く聳《そび》へ、形貌威儼《ぎょうぼういげん》にして、覚へず頭《こうべ》地に至る。漸《やや》仰げば景星《けいせい》、慶雲《けいうん》を視《み》るが如し。実《じつ》に風塵外《ふうじんがい》の道士なり。遂《つい》に門墻《もんしょう》に従ふこと十余年、自己《じこ》の面目《めんぼく》を顧《かえり》み、始めて安心することを得たり。身を陋巷《ろうこう》に委《ゆだ》ね、道を瓢飲《ひょういん》に楽しむ。是れ亦《ま》た先生の余恩《よおん》なり。業余《ぎょうよ》の暇日《かじつ》、倭本神相全編を読む。熟玩愈々《じゅくがんいよいよ》久しふして、疑惑益々《ますます》甚《はなは》だし。唐本復《また》訛《あやま》れり。因て之《これ》を問ふ。先生乃《すなわ》ち篋中《きょうちゅう》の訂本《ていほん》を出し、僕に告げて曰く、是れ余《よ》が家童《かどう》に命じて改正せしむる所なり。其の余篇の如きは、他日成功《せいこう》有らんと。歓躍《かんやく》に堪《た》えず。一たび巻を開けば、則ち衆疑豁然《かつぜん》として散《さん》ず。雲霧を披《ひら》いて青天白日を観るが如く、岩壑《がんがく》（岩山）を穿《うが》つて精金美《せいきんび》玉《ぎょく》を得たるが如し。慶快《けいかい》何事か、之に勝《し》かんや。

令子《れいし》孝安賢生《けんせい》、善《よ》く父の志を継ぎ、母の訓《おしえ》に違《そむ》かず、齠齔《ちょうしん》（七、八歳のこと）の時より相法百家の書を誦《そら》んじ、纔《わず》かに弱冠（二十歳）にして而して広大《こうだい》玄妙の理《り》を談ず。徳行誠《まこと》に美《うるわ》しく、門徒頗《すこぶ》る多し。蓋《けだ》し当世博雅《はくが》の君子、道学棟梁《とうりょう》の英才か。堯親舜子《ぎょうしんしゅんし》、原《もと》より是れ積善《せきぜん》の余慶なり。

頃日洛陽《このころらくよう》の徒、江左の徒に議して、頻《しき》りに開板して以て大方に公《おおやけ》にせんと請ふ。先生許諾《きょだく》す。其の志、偏《ひとえ》に天下の学者をして相法の真源を知らしめんと欲す。而して孝安賢生自ら筆を撫《な》づ。是れ章句文字をして一点《てん》一画《かく》も謬《あやま》り無からしめんが為《ため》なり。嗚呼《ああ》善《よ》い哉、両君の努力せる、亦《ま》た唯《ただ》後進の大幸《たいこう》なり。夫れ漢舶《かんぱく》の蠹書《としよ》（虫喰い本）、斯の土に刻して、慶安の原本を自ら誤りを伝ふ。今文化に暨《およ》んで其の正しきに復《ふく》す。初進晩学 長《とこしなえ》に其の賜《たまもの》を受く。吾が朝昇平《しょうへい》の世、文華《ぶんか》の盛んなる時なるかな、時なるかな。孝安賢生既に其の業を終へ、僕に命じて之を序せしむ。僕年知命《としちめい》（五十歳）を踰《こ》え、才樗櫪《ちょれき》より拙《つたな》し。仰《あお》いで歎《たん》じ、伏して慙《は》づ。豈能《あによ》く其の需《もと》めに応《あた》らんや。再三固辞《こじ》す。之を辞すれども許さず。因て聊《いささ》か数語を綴《つづ》つて以て巻端《けんたん》に書す。其の校訂の誠精《せいせい》を尽《つ》くし、其の筆削《ひっさく》の心神を労《ろう》するが如きに至りては、則ち大方の君子一見して而して自知する所以《ゆえん》なり。僕復《ま》た何をか言はん、復《ま》た何をか言はん。

維時文化改元甲子の歳、孟秋上浣《じょうかん》。

東都の門人

一瓢菴種《しゅ》山石勇居士、謹んで誌《しる》す。

神相全編正義序

龍法眼先生、風鑑《ふうかん》（相学）を以て人に知られ、道学《どうがく》を以て世に鳴る。嚮《さき》に神心論、発揮《はっき》を著して、詳《つまび》らかに医相一般の大意を述ぶ。是れ千古未発の確《かく》論《ろん》、後世色脈《しきみやく》の規範なり。広く大方に行はれ、君子其の功を偉とす。是れより以来《このかた》、相法を唱ふる者、往々に出づ。然れども枝流《しりゅう》に僻《へき》して、本源を窮《きわ》むる者少なし。如何《いかん》となれば則ち、其の大を説くや、天地人倫、仏《ぶっ》祖聖賢《そせいけん》、道統《どうとう》の伝。其の小を説くや、山川草木、虫魚禽獣《きんじゅう》、器物の類。皆相法を逃るることなし。宜《むべ》なり、此の術、入ることの易ふして而して得ることの難きことを。能《よ》く其の極を尽くすときは則ち、日月照臨《しょうりん》の際《あいだ》、造化万物の情、毫末《ごうまつ》も疑議せず、総《すべ》て我が掌握に在《あ》らん。古今を一瞬にし乾坤に独歩すとは、豈《あに》此の謂《いい》か。

先生頃日《このごろ》、神相全編を刪訂《さんてい》し、名づけて正義と曰《い》ふ。悉《ことごと》く旧刊の煩乱を除いて、来学をして再び惑はざらしむ。嗚呼善い哉《ああよいかな》。草稿半《なか》ば成つて未だ終らざるに、徒賈《とか》（門徒と書賈）頻《しき》りに木に上《のぼ》せんと請ふ。盛徳金章《せいとくきんしょう》、得て而して知んぬべし。亦《ま》た唯《ただ》、天、夫子を降《くだ》して、神相色脈の法門を開かしむる而已《のみ》。

小生志学（十五、六歳）の始め、周楊《よう》（周防、楊井《やない》）の郷を辞してより、深く先生の恩顧《おんこ》を受く。今幸いに斯の刻の成るに遇ふて、歓躍《かんやく》に堪《た》えず。其の固陋《ころう》を忘れ、敢て鄙言《ひげん》を贅《ぜい》すと、爾《し》か云ふ。

時に文化改元、甲子冬至の日。

武州の隠医

門人　鈴木東安、紀相親《きのすけちか》拝して撰す。

法性本空居士、需めに応じて謹しんで書す。

自序

天は一大天、人は一小天。天に風雨の変有り、人に栄衰の弁有り。上《かみ》浩々より、下《しも》無辺に至るまで、孰《たれ》か能《よ》く之を免れん。預《あらかじ》め前知して而して未然を防ぐべき者は、夫《そ》れ唯神相か。

神相は医家の先務、内経《だいきよう》に所謂色脈《いわゆるしきみやく》なり。軒岐《けんぎ》（黄帝とその師・岐伯）前に祖述し、秦張《しんちよう》（秦越人と張仲景）後《しりへ》に発揮す。望聞神聖《ぼうもんしんせい》の診、明堂《めいどう》（眉の間）、闕庭《けつてい》（額）の察《さつ》、素霊《それい》（素問と霊枢）に原《もと》づけり。柴《さい》（高柴）愚《ぐ》、参《しん》（曽参）魯《ろ》の論《ろん》、性善養気《せいぜんようき》の説《せつ》、語孟《ごもう》（論語と孟子）に著《いちじる》し。夏殷《かいん》の間、医相を分かたず。周の大王、歴昌《れきしよう》（王季歴と文王）を相し、史逸《しいつ》（人名）穀難《こくだん》（公父文伯の弟）を相す。叔服《しゆくふく》（人名）識鑑《しきかん》の誉《ほまれ》を得たる。皆、震旦（唐）観察の権輿《けんよ》（始め）なり。阿《あ》私陀仙《しだせん》（仙人の名）釈迦文を相し、耆婆《ぎば》医（天竺の名医）薬王樹を携《たずさ》ふる。又月氏《がっし》（天竺）人を相するの元始なり。上宮太子（八耳皇子）崇峻《すしゅん》（人皇三十三代）天皇を相し、鈴鹿（地名）の老翁、天武帝（人皇四十代）を相す。是れ日域《じついき》（日本）風鑑《ふうかん》の明証なり。

鎌足《かまたり》（大織冠鎌足）、清行《きよつら》（三善清行）、廉平《かどひら》（伴別当廉平）、維長《これなが》（相少納言維長）等、亦《ま》た本朝水鏡（人相に詳しきこと）の達人なり。扶桑《ふそう》（日本）、梵漢（天竺と唐）と、数《すう》千祀を踰《こ》へ、地《ち》万里を隔つと雖《いえど》も、其の言《こと》の異ならざること、符節《ふせつ》を合するが如し。前賢既に此の如きこと有り。後学知らずばあるべからず。蓋《けだ》し孔孟の後《のち》、心相を説く者は少なく、形貌《ぎょうぼう》に拘《かか》はる者多し。故に荀卿《じゅんけい》（人名）非相の篇を著して之を斥《しりぞ》く。老子（孔子の師）無相の霊訣、東郭牙《とうかくが》（人名）、田子方《でんしほう》（人名）の外《ほか》、得て而して知る者莫《な》し。戦国の際《あいだ》、子卿《しけい》（姑布子卿）、唐挙《とうきょ》（人名）盛んに行はる。前漢に王詡《おうく》（鬼谷子）、許負《きょふ》（人名）有り。後漢に林宗《りんそう》（郭泰の字《あざな》）管輅《かんろ》（字は公明）有り。此の六君、純徳俗を離れ、妙察神に入る。実に相家の古先生《こせんせい》なり。爾《しか》つしより以来《このかた》、歴世其の人に乏《とぼ》しからず。梁《りよう》の代《よ》に達磨《だるま》有り。西天より東土（唐）に来たり、如来の正法眼蔵を伝へ、直ちに見性《けんしよう》成仏を演説す。其の徒、神光（二祖・恵可大師）は仏法の印可《いんか》を得て行はれ、龍洞（銅柱山の仙人）は相家の衣鉢を受けて蔵《かく》る。此の時、叢林天《そうりんてん》眼通《がんつう》を失つて、空《むな》しく半臂《はんぴ》の禅と作《な》る。相家付法の伝系、達磨相訣（相書の名）に詳《つまび》らかなり。唐興《おこ》つて、太宗（名は世民）、三鑑《さんかん》（銅鑑・古鑑・人鑑）の目を立つ。洞賓（呂洞賓）五條の篇を輯《あつ》む。茲《ここ》に於て相経日《ひび》に隆《さか》んなり。宋朝、麻衣老祖（相学に妙をえたる仙人）、蚤《つと》に百家を研究し、広く相法を発揮す。然れども妙道の凡庸に授《さず》く可《べ》からざることを知りて、終に華山の石室に隠る。能《よ》く其の学を尽くす者は、陳希夷《ちんきい》（号は白雲道人）先生而已《のみ》。観察の精妙は許郭（許劭《きよしよう》と郭林宗）を超え、道学の卓見は老荘（老子と荘周）より高し。真に相家の中興《ちゆうこう》なり。明の初め、袁氏《えんし》の父子（廷玉と柳荘）出でて、復《ま》た斯の術《みち》を潤色す。神相全編茲《ここ》に至つて大いに成る。其の書為《た》るや、玄機明透にして更に余蘊《ようん》無し。但其の伝を広むる時、妄《みだ》りに天機を洩すことを恐れ、文をして顚倒し、義をして反覆し、或は要訣を脱し、間《まま》隠語を雑《ま》じゆ。苟《いやしく》も師伝に非ずんば、其の極を得ざらしむ。法を重んずること切なるに似たりと雖《いえど》も、人を昧《くらま》して何の益かあらん。是れ予が取らざる所なり。乃《すなわ》ち家童に命じて之を正し、剞劂《きけつ》に授けて之を公《おおやけ》にす。考訂を加ふる所、相経の什一、遍《あまね》く四海に旋《めぐ》らすに足らずと雖《いえど》も、下学を導くに小補《しようほ》無くんばあるべからず。若《も》し其の精微を窮《きわ》め幽玄を談ずるが如きに至つては、則ち天地を以て書籍《しよじやく》と為《な》し、日月を以て明鏡と為《な》し、無欲を常とし、積善を楽しみとするの大器に非ずんば、共に道《い》ひ難し。是を序と為《な》す。

時に文化二乙丑の年、五月端午《たんご》の天。　　東都雲台観《うんたいかん》。

石龍子法眼、藤原相明謹んで撰す。

凡例

一、内経に云く、上古僦貸季《しゆうたいき》（岐伯祖世の師）をして色脉《しきみやく》を理《おさ》めしむ。上帝の貴ぶ所、先師の秘する所なり。又、麻衣老祖（陳図南の師）曰く、百二十部黄帝に出づ。後人伝授すれども久しく例を失ふと（帝、例、押韻）。是れ色脉相法一般の明証なり。嗚呼、相学の医道に関係するや、其の功甚だ大なり。後人誤って両端と見ること勿れ。

一、相法の行なるや、二帝（堯、舜）、三王（夏王、殷王、周王）の時、既にこれ有り。孔孟に至って益々明らかなり。相書の成るや、三国（魏、呉、蜀）、両晋（西晋、東晋）の時、間《まま》これ有り。宋朝に至って大いに成る。元明以来、連綿として絶えず。蓋し宋朝の文、巌麗綿密、盛唐、晩唐の余風尚存す。一章一句も皆協韻（韻字を踏む）有り。故に音韻《いんいん》に通ぜずんば、以て相書を読むべからず。今、字の右肩に半圏を加へて押韻を記し、字の右足に小圏を加へて句を読むを別ち、以て書学に便りす（凡《すべ》て押韻を用ゆるは文の古法。金人の銘に、何ぞ傷まんと謂ふこと勿れ。其の禍将に長ならんとす。何ぞ害あらんと謂ふこと勿れ。其の禍将に大ならんとする、是なり）。

一、相書字音、漢呉（漢音と呉音）互ひに用ゆ。亦《ま》た医書の例のごとし。読む者怪しむこと勿れ。

一、詩文（絶句、或は律。五言有り。七言有り）、訣語（多くは四言一句。両韻八字なり。又四句三韻、十六字の者有り）の類。平仄《ひょうそく》に拘はらず。唯協韻を以て正と為す。文美《うる》はしと雖も而も意反する者は、今悉く之を改む。文拙しと雖も而も意通ずるは、暫く旧本に従ふ。読む者文を以て意を害せずして可なり。

一、文字疑似の者多く有り。一字違《たが》ひ、一画訛《あやま》って大意失し、学者迷ふ。譬《たと》へば光潤を尖潤に作り、扶貴を杖責に作るが如き、天地懸隔の煩ひ有り（以下略)。

一、本文解《げ》し難きは、両種、之有り。脱間誤字有りて而して解し難きは(譬へば手相、妻妾紋の詩、七言二句を脱し、或ひは邪欲を誤りて刑悪に作るが類)、隠語不分明にして解し難きは(争訟を相傷に作り、六六を碌碌に作り、八九を破竹に作り、親絶を唇舌に作るの類。転音の訛に似たり。蓋し是れ皆隠語なり)、并に細註を作つて之を解す。其の文脈の顚倒し、理論の違背するが如き、今、新たに冠註を加へ、小圏の中に伊呂波の合印を作《な》して之を附す。然れども章句前後し、義論齟齬、備《つぶさ》に冠註に載すべからざるは、只、旧本文義、正ならず。今悉く之を改むと書す。見者旧刊に比して而して嫌疑を散ずべし。希《こいねが》はくば首鼠《しゅそ》の惑ひ無からんことを。

一、原版五官六府、手相并に面部位の図式、磨滅錯簡多し。今、人相水鏡集、及び風鑑源理等の書を以て、之を補ふ。猶、疑はしき有れば、家君の指揮に従ふ。敢えて臆断を贅せず。
一、新刻八相、并に面部手相の図、皆、相経を考へて之を添削す。且つ家君の需《もと》めに応じて遠塵斎老人、之を画す。後学幸ひに之を珍とせよ。
一、国を神国と謂ひ、神物と称す。神相の盛んに行はる。鑑定の他邦に優る。此れ風土の然らしむるところ、人天一致の理なり。是を以て縉紳《しんしん》先生（歴史学者）より庶民の子弟に至るまで、皆好《よ》く之を誦《そら》んず。但、惜しむらくは師伝良からず。修行熟せず。一犬虚を吠ゆれば、万犬実を唱ふるの患《うれい》有り。家君の新校正、専ら彼の俗弊を救ふに在り。かるが故に本文より序跋に至るまで、遍《あまね》く訓点を加へ、国字を附し、以て下学をして諷誦《ふうしよう》し易からしむ。古人言ふこと有り。書を読むこと百遍、而して義を自ずから見ゆと。博雅の君子請ふ、一感せよ。
一、夫れ相学は天地自然の妙理、臨機応変の活法なり。豈《あに》、文字紙墨を仮て伝ふべけんや。要、以心伝心に在るのみ。学者冀《こいねが》はくば、黄巻赤軸の小伎に僻せず。十目三省の大道を学ぶべし。是れ日々に神相を新たにする所以なり。詳らかに其の極に至らんと欲せば、則ち先づ有相を会《え》し、後、無相を明らめよ。上《かみ》は天機に合し、下《しも》は無窮《ぶきゅう》に通ぜん。是れ華山石室の丹書にして、乃ち前聖後賢の規範なり。読む者、之を忽《ゆるが》せにすべからず。謹んで而して怠ること勿れ。

後学石孝安再拝頓首して書す。

文化改元甲子仲冬月

目次

神相全編正義　上巻　38

神相全編正義　中巻……100

神相全編正義　下巻……261

神相全編正義　上巻

宋朝　希夷陳図南秘伝
明朝　柳荘袁忠徹訂正
本朝　石龍子法眼改誤
　　　石孝安同校執筆

相説

○大凡《おおよ》そ人の相貌を観るに、先づ骨格を観、次に五行を看、三停《さんてい》の長短を量り、面部の盈虧《えいき》（満ち欠け）を察し、眉目の清秀を観、神気の栄枯を看、手足《しゆそく》の厚薄を取り、鬚髪《しゆはつ》の疎濁《そだく》を観、身材の長短を量り、五官の成ること有るを取り、六府の就《な》すこと有るを看、五岳の帰朝を取り、倉庫の豊満を看、陰陽の盛衰を観、威儀の有無を看、形容の敦厚を弁じ、気色の喜滞を観、体膚の細膩《さいじ》を看、頭の方円を観る。頂《いただき》の平塌《へいとう》、骨の貴賤、肉の粗流、気の短促《たんそく》、声の響喨《きょうりょう》、心田の好歹《こうたい》（善し悪し）、倶《とも》に部位流年に依《よ》つて而して判《わか》ち、骨格形局《ぎょうきょく》を推《お》して而して断れ。時に順《したが》つて趨奉《すうほう》して家伝を玷《か》くこと有るべからず。但《ただ》富貴に於て、貧賤、寿夭、窮通、栄枯、得失、星宿、流年の休咎《きゅうこ》、備《つぶさ》に皆週密なれば、人を相する所、万に一失なし。学者亦《また》、宜《よろ》しく参《まじ》え詳《つまび》らかにして真妙を推し求むべし。忽諸《ゆるがせ》にすべからず。

十　観

○一に威儀を取る。虎の山を下るが如きは、百獣自ら驚く。鷹の昇騰するが如きは、孤兔自ら戦《おのの》く。怒らずして而して威あり。但、眼に在るのみならず。亦、觀骨《けんこつ》（頰骨）の神気を観て之を取る。
○二に敦重《とんちょう》及び精神を看る。身、万斛《ばんこく》の船の巨浪《ころう》（海）の中に駕《が》するが如く、揺《うご》かせども而も動かず、之を引けども来たらず。坐臥起居《ざがききょ》、神気清霊《せいれい》にして、久しく坐して昧《くら》からず、愈々《いよいよ》精彩を加ふ。春日の東に昇つて人の眼目を刺すが如く、秋月の鏡を懸けて光輝皎潔《こうけつ》なるが如く、面神眼神、倶《とも》に日月の明らかなるが如く、輝々皎々として自然に愛すべし。明々潔々として久しく看て昏《くら》からず。此の如きの相は、大貴なり。大貴ならざるも亦、当《まさ》に小貴なるべし。富も亦、許すべし。妄りに談じ定むべからず。
○三に清濁を取る。但《ただ》、人の体厚き者は、自然に富貴なり。清なる者は、縦《たと》ひ痩《や》すとも神長ず。必ず貴きを以て之を推す。濁なる者、神有り、之を厚と謂ふ。厚なる者、多くは富む。濁にして而して神無き、之を軟と謂ふ。軟なる者は必ず孤なり。孤ならざれば則ち夭す。

○四に頭の方円《ほうえん》、額の高底を看る。但、人の頭《かしら》は一身の主、四肢の元為《た》り。頭方《けた》なる者、頂《いただき》高きときは則ち尊《たふと》きに居ること天子為《た》り。額方《けた》なる者、頂起こるときは則ち輔佐の良臣《りようしん》と為《な》る。頭円《まど》かなるは、富んで而も寿有り。額闊《ひろ》き者は、貴ふして、亦誇《ほこ》るに堪《た》えたり。頂平なる者は、福寿綿遠《ふくじゆめんえん》たり。頭扁《かたよ》る者は、早歳に迍邅《ちゆんてん》（不幸せ）す。額榻《を》つる者は、少年に虚耗《きよごう》す。額低き者は、刑剋愚頑《けいこくぐがん》。額門殺重《がくもんさつじゆう》なる者は、早年に困苦《こんく》す。部位傾陥《けいかん》、髪際《ばつさい》（髪の生え際）参差《しんし》（揃わぬこと）たる者は、照《あき》らかに刑剋に依《よ》る。兼《か》ね観て一例にして而して言ふべからず。相訣を悞《あやま》ること有り。

○五に五岳、及び三停を看る。

○左観《さけん》を東岳と為す。倶《とも》に中正を要す。粗露傾塌《そろけいとう》すべからず。額を南岳と為す。亦、方正《ほうせい》を喜《この》む。撇竹《べつちく》（竹を割る）低塌《ていとう》（垂れ落つる）に宜しからず。右《う》観《けん》を西岳と為す。亦、左観と相同じ。地閣《ちかく》（頤《おとがい》）を北岳と為す。喜んで方円隆満に在り、尖削歪斜《せんさくかいしゃ》すべからず。土星を中岳と為す。亦、方正にして上《かみ》印堂に聳《そび》ゆるに宜し。捲竅兜上《けんきょうとうじょう》に宜しからず。此れ五岳の成るなり。書に云く、五岳倶《とも》に朝すれば、貴ふして朝班を圧す。亦且つ、銭財《せんざい》自ら旺《さか》んなり。

○三停とは、額門、準頭《じゅんとう》、地閣、此れ面部の三停なり。又、三才《さんさい》と為す。又、三主と為す。又、三表と名づく。倶に平等を要す。上停長きは少年壮んなり。中停長きは福禄昌《さか》ふ。下停長きは老いて吉祥。三停平等は一生の衣禄《いろく》虧《か》くること無し。若《も》し三停尖削歪斜粗露《そろ》するは、倶に利あらざるなり。流年部位の気色を照らして而して推すべし。一体にして而して断るべからず。

○六に五官六府を取る。

○眉を保寿《ほうじゅ》官と為《な》す。清高、疎秀《そしゅう》、湾長を喜《この》む。亦、目より高きこと一寸、尾、天倉《てんそう》を払《はら》ふに宜し。聡明、富貴、機巧、福寿を主《つかさど》る。此れ保寿官成《な》るなり。若《も》し粗、黒、濃、黄、淡泊、散乱、低圧は乃《すなわ》ち刑傷破敗《ははい》す。此れ保寿の官成《な》らざるなり。

○眼を監察《かんさつ》官と為す。黒白分明を喜《この》む。或は鳳眼、象眼、牛眼、龍虎眼、鶴眼、猴眼、孔雀、鴛鴦《えんおう》眼、獅眼、鵲《じやく》眼、神蔵《しんかく》れて露《あらわ》れず。黒きこと漆の如く、白きこと玉の如く、波長く耳を射、自然に清秀にして威有るは、此れ監察の官成るなり。若し蛇、蜂、羊、鼠、鶏、猪、魚、馬、火輪、四白等の眼《まなこ》、赤白紗侵し、晴濁り、黒白混雑し、兼ねて神気太《はなは》だ露《あらわ》れ、昏昧にして清からざるは、此れ観察の官成らざるなり。又且つ、愚頑にして兇敗す。

○耳を採聴《さいちょう》官と為す。大小を論ぜず、正に輪郭分明を要す。白きこと面を過ることを喜む。水耳、土耳、金耳、牛耳、円棋《えんき》（碁石）耳、貼脳《ちょうのう》（頭につく）耳、面に対して耳を見ず。眉より高きこと一寸、輪厚く郭堅く、姿色紅潤、内に長毫（長き毛）有り、孔《あな》に小大なし、此れ採聴の官成るなり。或は鼠耳、木耳、火耳、箭羽《せんう》（矢の羽根）耳、猪耳、輪飛び郭反《そ》るは、好《よ》からざるの耳なり。或は低小軟弱なるは、此れ採聴の官成らざるなり。少年に利あらずして六親を損ず。

○鼻を審弁官と為す。亦、豊隆聳直《ほうりゅうそうちょく》にして肉有るに宜し。龍、虎、伏犀《ふくさい》鼻、獅、牛、胡羊鼻、截筒《せつとう》（筒を切る形）、盛嚢《せいのう》（袋に盛る）、懸膽《けんたん》（肝をかける）鼻、端正にして歪まず、偏らず、粗ならず、小ならざるは、此の審弁の官成るなり。若し狗鼻、鯽魚《せきぎょ》（鮒《ふな》）、鷹嘴《ようし》（鷹のくちばし）、剣峰、反吟、伏吟、三曲、三彎、孔《あな》仰ぎ露《あらわ》し、竈扁より弱く、脊《せ》を露し、骨を露し、太《はなは》だ大いにして孤峰（ひとつの峰）の如きは、此の人兇悪、貧苦にして成ること無し。邪欲にして奸貪《かんどん》なり。此れ審弁の官成らざるなり。

○口を出納官と為す。唇紅に歯は白く、両頤斉《ひと》しく豊かに、人中深く長く、仰月、湾弓、四字、方口、牛、龍、虎口、両唇反《そ》らず、昂《あが》らず、掀《うご》かず、尖らざるは、此れ出納の官成るなり。或は猪、狗、羊口、覆船、鮎魚《せんぎょ》、鯽魚《せきぎょ》口、鼠食《そしょく》、羊飧《ようぞん》、唇短く歯露《あらわ》れ、唇黒く唇皺《しわ》み、上唇薄く、下唇反り、鬚《ひげ》黄にして焦枯粗濁《しょうこそだく》なるは、此れ出納の官成らざるなり。書に云く、但一官成る者は、十年の貴禄富豊を掌《つかさど》る。成らざる者は必ず十年の困苦貧窮を主る。

○六府は天庭《てんてい》、日月二角を天府《てんぷ》と為す。方円明浄に宜し、露骨に宜しからず。此れ天府の就《な》すなり。或は欹削《きさく》、低塌《ていとう》、偏尖《へんせん》は、此れ天府の就《な》さざるなり。初年の運、蹇《なや》むことを主る。

○両観《けん》を人府と為す。方正《ほうせい》にして鬢《びん》を挿《さしはさ》むに宜し。粗ならず、露ならず、斉《ひと》しく揖《いふ》して方に拱《きょう》す。此れ人府の就《な》すなり。若《も》し粗露《そろ》、高低、尖円（とがり丸い）、綳鼓《ほうこ》（皮のたるみと皮の張り）なるは、此れ人府の就《な》さざるなり。中年の運、否《ふさ》がることを主る。
○地閣、辺腮《へんし》を地府と為す。懸壁《けんぺき》の地閣を輔《たす》くることを喜《この》む。昏ならず、黲《さん》ならず、尖ならず、歪ならず、粗ならず、大ならざるは、此れ地府の就《な》すなり。若し高低、粗露《そろ》、尖削して、耳後に重腮を見《あらわ》すは、此れ地府の就さざるなり。末景の運、困《くる》しむことを主る。書に云く、一府の就すは十年の富盛《ふうせい》を掌る。相反する者は十年の凶敗を主る。
○七に腰円く、背《せなか》厚く、胸坦《たいら》かに、腹墜《つい》し、三甲三壬、体膚、細嫩《さいどん》（細く柔らか）を取る。背厚く闊《ひろ》く、腰硬く円く、大いに宜しく平に宜し。最も背脊坑《あな》を成し、背薄く、肩垂れ、肩昂《あが》り、頸削るを嫌ふ。細小、軟弱、倚湾（偏り曲がる）にして尻股《きゅうこ》無く、臀《いさらぎ》薄く、尖り、削り、露るに可《よ》からず。臀は平厚に宜し。大窾に宜しからず。胸は平満に宜し。骨は粗露《そろ》すること莫《なか》れ。項下双絛《そうたう》（糸筋）あつて、心窩《しんか》陥《おちい》らず。腹は槖《たく》（袋）有りて葫蘆《ころ》（ふくべ）の如く、臍下肉横生するに宜し。尖削に宜しからず。或は鵲肚《しゃくど》、鶏胸《けいきょう》、狗《く》肚《ど》の如きは此れ堪へざるなり。書に云く、腰円く背厚きは、方《まさ》に玉帯朝衣を保つ。驟《しばしば》不予に逢へども慷慨《こうがい》人に過ぐ。必ず発達富盛を主る。胸平らかに腹槖あるは、故《もと》宜しく紫袍《しほう》を体に掛くべし。前に出でずと雖《いえど》も、凡流に入らず、必ず須らく発達すべし。背三甲の如く、項後肉厚く、両肩繃肉厚し。腹三壬の如く、臍下肉長く、両腿辺肉長し。書に云く、背三山を負ふて護甲の如く、臍深く李《すもも》を容《い》れ、腹垂れて箕《み》の如し。此の如きの相は必ず大貴なり。貴ならざるの時は富を期すべし。但、頭大いにして角無く、腹大いにして槖なきは、是れ農夫ならざれば、必ず是れ屠博。是れ粗人ならざれば、定めて是れ木作。若し尖削、陥軟、狗肚、鶏胸は縦《たと》へ富むとも必ず結果は無し。書に云く、男子の腰小さきは家財を主ること難く、亦且つ夭折す。凸胸《てつきょう》、露臀《ろでん》は、当《まさ》に窮酸を成すべし。男子は僕たり。女子は婢たり。相中最も宜しく推《お》し詳《つまび》らかにすべし。忽略《ゆるがせ》にすべからず。
○八に手足を取る。細嫩《さいどん》（細く柔らか）隆厚《りゅうこう》（肉厚く）に宜し。掌《たなごころ》八卦有り、紋露《あらわ》れて鮮明に、或は血を噀《は》くが如く、三峰を尖起し、奇紋、異紋、節鶏《ふしけい》弾《だん》の如く、指の尖り（指先）相称《あいかな》い、掌大いに相停まり、或は平らにして鏡の如く、或は軟らかにして綿の如く、龍虎相呑み、掌厚く、背厚く、腕扁《ひらめ》に、肘《かいな》円く、足の背《こう》に肉有り、足の底《うら》に紋有り、痣あり、掌に略《ほぼ》湾を帯ぶ。手背は筋骨を粗露《そろ》するに宜しからず。指節は縫を漏らすに宜しからず。書に云く、腫節縫を漏らすは、神昏《くら》く神懶《ものう》く、骨露し、筋浮くは、身楽しんで心憂ふ。手軟らかにして綿の如きは、閑《しずか》にして且つ銭有り。掌紅にして血を噀くは、富貴綿々たり。三峰を尖起すれば、福《さいわ》ひ晩景に生ず。掌平らにして鏡の如きは、白手にして家を興す。紋露れて粗卒なるは晩年の衣禄平常たり。但、掌を相するの訣法、後《しりえ》に載《の》することと有り。宜しく前後と兼ね観るべし。
○九に声音と心田とを取る。書に云く、心裡の事を知らんと要せば、但、眼神の清濁を看よ。眼は乃《すなわ》ち心の門戸なり。其の眼の善悪を観て、必ず心事の好歹《こうたい》を知る。其の心正しきときは則ち眸子《ぼうし》（瞳）瞭《あき》らかなり。心正しからざるときは則ち眸子眊《くら》し。眼《まなこ》上を視る、其の心必ず高し。眼下を視る、心感思有り。眼転動（ぎょろつくこと）して而して言はず、心疑慮有り。眼斜《ななめ》に視る、口は是《ぜ》にして心は非なり。己を益して人を害す。言聴くべからず。眼正しく視る、其の人中正、党も無く偏も無し。眼悪《あし》ければ必ず心悪し。眼善ければ心必ず慈あり。陰隲《いんしつ》有るは、人の難厄を救ひ、人の危険を救ひ、或は人の貧窮を済《すく》ひ、或は人の性命を救ひ、淫せず、乱せず、才寛量大いにして物人に容《い》る。倶《とも》に紫黄容、紅気色有りて、眼下臥蚕《がさん》の宮、印堂、福堂の位に発見すれば、縦然《たとひ》相貌は如《し》かざれども其の心田好《よ》し。終《つい》に富貴を保つ。若《も》し相貌堂々たれども、心事奸険なれば、縦然富貴なれども日ならずして貧窮す。書に云く、未だ相貌を見ずして、先づ心田を看よ。相有りて心無ければ相は心に従つて滅す。心有りて相無ければ、相は心に従つて生ず。昔、裴度《はいど》（人名）帯を還《かえ》し、宋郊《そうこう》（人名）蟻を渡し、廉頗《れんぱ》（人名）危きを扶《たす》けて人を救ふ。度《ほど》を過ぎて各々千金を受けず。本《もと》是れ貴からざるの相、後に反て大貴にして、而して陰隲之を扶く。声音は響喨《きようりよう》にして、丹田（臍下一寸、是なり）より出るに宜し。声響いて雷の如く耳に灌《そそ》ぎ、或は銅鐘玉韻の如く、或は甕中の声の如く、或は銅鑼銅鼓の如く、或は金声の如く、或は声長く尾大いにして鼓の響くが如く、倶《とも》に清潤を要す。縦《たと》ひ相貌如《し》かざるも、亦、富貴を主る。或は人小に声大、人大いに声雄、倶に深遠を要す。丹田より出づる所、此れ富貴綿遠の相なり。夭折貧賤の人、声軽く、声噎《むせ》び、声浮き、声散り、声低く、声小さく、或は破鑼破鼓の如く、語音焦枯し、声大いに尾焦《こが》し、声雄《たけ》くして円《まど》かならず。書に云く、富貴の声は丹田より出づ。天賤の人は声舌端より出づ。或は余韻（響き良き事）有る者は、縦ひ焦枯にして烈《はげ》しと雖《いえど》も、早年に虚耗、晩年に発達することを主る。訣に曰く、言未だ挙せずして而して色先変し、話未だ尽きずして而して気先に絶す。但に天賤の人なり。声音を観て相の根本為《た》ることを知り、陰隲を観て相の元神為《た》ることを知る。形貌を内にして而して声音を外にすること莫《なか》れ。陰隲、部位大いに好《よ》し。此の相有る者は、竟《つい》に富貴を許す。但、声音響喨《きょうりょう》なる者は、貧しと雖《いえど》も終に能く発達す。必ずしも狐疑せざれ。

○十に形局《ぎょうきょく》と五行とを観る。形局とは乃《すなわ》ち人の一身の大関《だいかん》なり。或は龍形、虎形、鶴形、獅形、孔雀形、鵲《しゃく》形、牛形、猴形、豹形、象形、鳳形、鴛鴦《えんおう》、鷺鷀《ろじ》、駱駝《らくだ》、黄鸝《こうり》、練雀《れんじゃく》等の形の如き、此れ富貴の形相なり。或は猪形、狗形、羊形、馬形、鹿形、鴉《あ》形、鼠形、狐狸形の如き、此れ兇暴、貧薄《ひんぱく》、夭折《ようせつ》の相なり。五行とは金、木、水、火、土なり。書に云く、金、金を得れば、剛毅深し。木、木を得れば、資財《しざい》足る。水、水を得れば、文章貴し。火、火を得れば、見機果す。土、土を得れば、厚豊《こうほう》の庫。金、金ならざれば、多くは伏吟《ふくぎん》。木、木ならざれば、多くは孤独。水、水ならざれば、多くは官鬼。火、火ならざれば、多くは災禍。土、土ならざれば、多くは辛苦。金形は方正《ほうせい》、色白きを喜《この》む。木形は痩直《そうちょく》、色青きを喜む。水は肥黒を喜む。火は尖《とが》るを嫌はず。赤色に宜し。土は厚重を喜む。色黄なる宜し。此れ五行の正局なり。此に合するは富貴福寿。此に反するは貧賤夭折す。但、学者五行と骨格とに憑《よ》つて、推して相法を断れ。多端理居《たたんりきょ》して総て断れ。

十二宮五星五嶽之圖

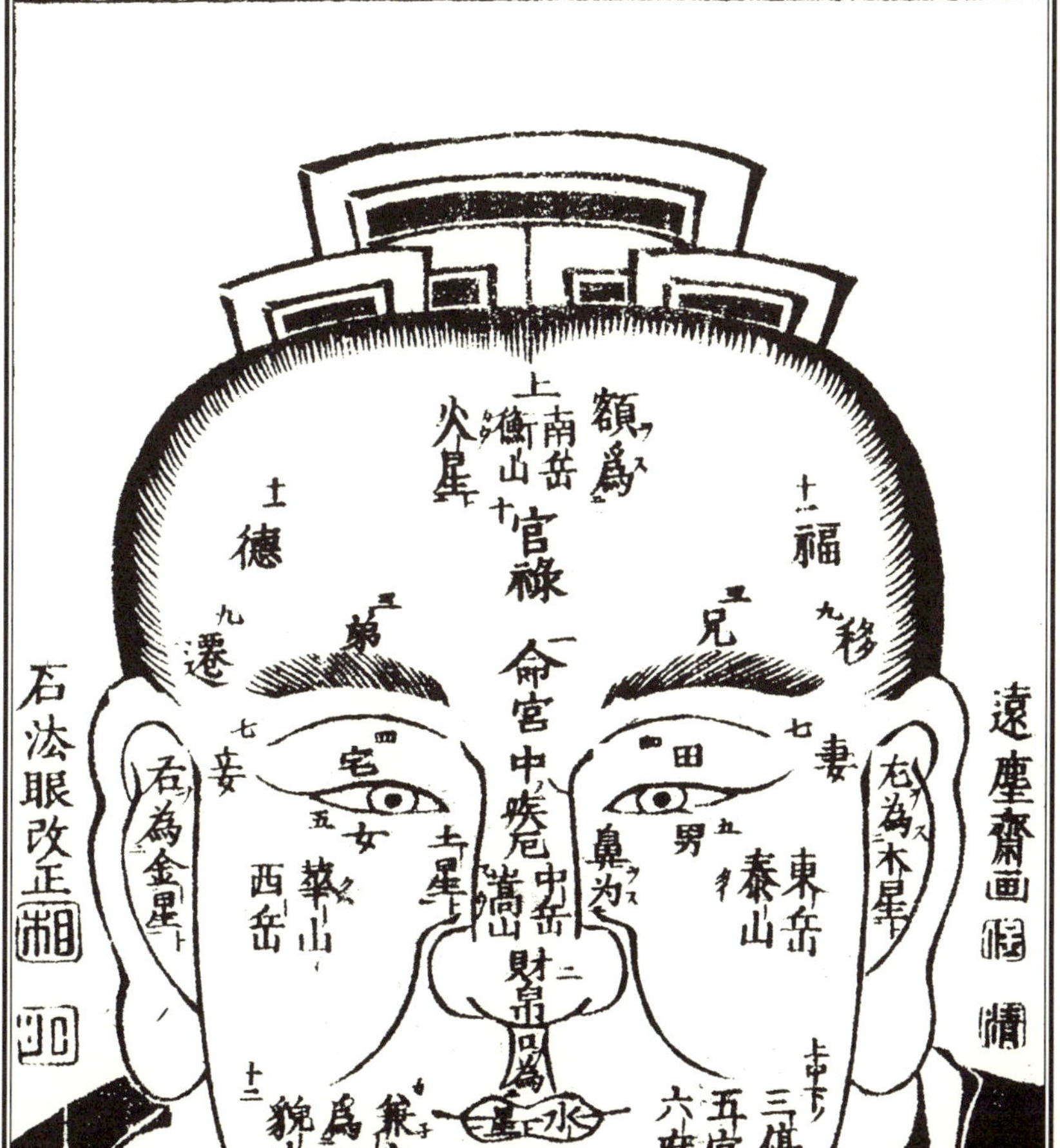

額為南岳衡山火星
上
官祿
命宮
疾厄
嵩山中岳
鼻為土星
財帛
口為水星
北岳恒山
下
福
德
兄
弟
移
遷
妻
妾
田
宅
男
女
東岳泰山
西岳華山
右為木星
左為金星
三停五官六府
奴
僕
相貌宮
石淙眼改正
遠塵齋画

十二宮論

一に命宮（一名は明堂、双眉の中央）

○命宮とは、両眉の間、山根《さんこん》の上に居す。光明にして鏡の如きは、学問皆通ず。山根平満は乃《すなわ》ち福寿を主る。土星聳直《そうちょく》にして、財星を扶拱《ふきょう》す。眼若《も》し分明なれば、財帛豊盈《ほうえい》す。官星果して若し斯くの如くなれば、必ず富貴双全を保つ。額、川字の如きは、命、駅馬《えきば》に終《お》ふ。凹沈《あっちん》は必ず定めて貧寒なり。眉接交して相成すは、下賤なり。乱理は郷を離れ、又《また》、妻を剋《こく》す。額窄《すぼ》く眉枯るるは財を破つて迍邅《ちゅんてん》（不幸せのこと）す。

詩に曰く、

眉眼中央是れ命宮。

光明瑩浄《えいじょう》は学須《すべか》らく通ずべし。

若《も》し還《かへ》つて紋理多く迍滞《ちゆんたい》せば、
家財を破り尽くして祖宗《そそう》を辱《はずかし》む。

命宮論に曰く、印堂、明潤を要す。寿、長久を主る。眉交はるは身命早く傾く。懸針《けんしん》は破れを主る。妻を剋《こく》し、子を害す。中岳《ちゆうがく》、昏暗《こんあん》に宜しからず。山字の紋有る者は、将相と為《な》る。平正明潤なるは、身、常に吉にして、貴人の力を得《う》。

気色

青黄は虚驚を主る。赤きは刑傷を主る。白きは喪服哭悲《そうふくこくひ》を主る。黒きは身亡《ほろ》ぶることを主る。紅黄は寿安を主る。終身の吉兆なり。

二に財帛（鼻梁蘭廷《びりようらんてい》を、総《すべ》て財星と為す）

○鼻は乃《すなわ》ち財星。位土宿に居す。截筒《せつとう》、盛嚢《せいのう》は千倉万箱あり。聳直《そうちよく》豊隆は、一生財旺《さか》んに富貴なり。中正にして偏らざるは、須らく知るべし、永遠滔々《とうとう》たることを。鷹嘴《ようし》、尖峰《せんぽう》は、財を破つて貧寒なり。孔をして仰《あお》がしむること莫《なか》れ。隔宿《かくしゅく》の糧無きことを主る。厨竈《ちゅうそう》空しきが若《ごと》きは、必ず是れ家に積む所の財無し。

詩に曰く、

鼻は財星を主る、瑩《えい》、若《も》しくは隆《りゅう》。
両辺の厨竈空しからしむること莫《なか》れ。
仰ぎ露《あらわ》れて家に無に財と粟と無し。
地閣相朝して甲櫃《こうき》豊かなり。

財帛宮論に曰く、天倉《てんそう》、地庫《ちこ》、金甲櫃《きんこうき》、井竈《せいそう》を、総《すべ》て財帛宮と曰ふ。須らく豊満明潤を要すべし。財帛余り有り。忽然として枯削《こさく》するは、財帛消乏す。天有りて地無ければ、先に富んで後に貧し。天薄く地豊かなるは、始めは貧しふして終りに富む。天高く地厚きは、富貴満足。蔭子孫に及ぶ。額尖つて窄狭《さくきよう》なるは一生貧寒なり。井竈破れ露れば、厨《くりや》に宿食無し。金甲櫃豊かなるは、富貴にして窮せず。

気色

昏黒は財禄を破り失ふことを主る。紅黄色現るれば、財禄に進むことを主る。青黄鼻を貫《つらぬ》けば、横財を得ることを主る。二櫃豊厚、明潤清和なれば、官に居て而して賞賜を受く。赤きは口舌を主る。

三に兄弟（男は左を兄宮、右を弟宮と為す。女は右を姉宮、左を妹宮と為す）

○兄弟とは、位、両眉に居す。羅計（左の眉と右の眉）に属す。眉長ふして目を過ぎば、三四の兄弟刑無し。眉秀でて而して疎なるは、枝幹（兄弟父母）自然に端正なり。新月の如きこと有れば、和同永遠にして群を超ふ。若《も》し是れ短粗なるは、同気連枝《どうきれんし》（兄弟）分かれを見る。眉環《めぐ》って眼を塞ぐは、雁《がん》行《こう》（兄弟）必ず散ず。交連薄黄は身他郷《たきょう》に喪《ほろ》ぶ。両様の眉毛は定めて須らく異母あるべし。旋結回毛は、兄弟蛇鼠あり。

詩に曰く、

眉を兄弟と為す、軟らかにして徑長なるは、
兄弟生成、四五強《つよ》し。
両角斉《ひと》しからざるは須らく異母あるべし。
交連黄薄は他郷《たきょう》に送る。

兄弟宮論に曰く、兄弟羅計、須らく豊蔚《ほうい》を要すべし。陥虧《かんき》（くぼみ欠ける）に宜しからず。長秀有余なるときは則ち、兄弟和睦す。短促《たんそく》不足なるときは、則ち分離孤独す。眉に旋毛有れば、兄弟衆多にして狼性常ならず。眉毛散ずるは、銭財聚《あつま》らず。眉毛逆生するは、弟を賊《ぞく》し、兄に仇《あだ》す。互に相妬害《とがい》

す。或は是れ、居して異性に同じふす。眉清ふして彩有るは、孤騰成功《ことうせいこう》の士なり。眉毛目を過ぎば兄弟和睦す。眉毛中断すれば、兄弟分散す。濃ならず、淡ならず、豊盈《ほうえい》なるは定めて義友弟兄有り。

気色

青きは兄弟闘争を主る。赤きは口舌を主る。黒白は兄弟傷亡《しょうぼう》す。紅黄の気は栄貴にして喜慶あり。

四に田宅《でんたく》（両眼は則ち両乳に配す。両乳は子孫を養ふの田。両眼は則ち神気の宅。男女左右亦然り）

○田宅とは、位、両眼に居す。最も赤脈《しやくみやく》（赤筋）晴を侵すことを怕《おそ》る。初年に家園を破り尽くし、老いに到つて糧《かて》無くして蘖《わざわい》を作《な》す。眼漆《うるし》を点するが如きは、終身産業栄々たり。鳳目、高眉は、税を三州五県に置く。陰陽枯扁《こへん》は、田園を保つこと莫《な》し。大眼火輪は、家財傾き尽くす。

詩に曰く、

眼《まなこ》を田宅と為す、其の宮を主る。

清秀分明一様同じ。

若《も》し是れ陰陽枯露《ころ》するは、

父母家財、総て是れ空し。

田宅宮論に曰く、日月二星、地閣、土星を総て田宅宮と為す。故に土星の勢《いきお》ひ天庭《てんてい》に朝し、地閣豊満明潤なるは、田宅進益を主る。低塌《ていとう》、昏暗《こんあん》、傾《けい》欹《き》（傾きそばだつ）なるは、田宅を破ることを主る。若し飛走して朝せざれば、田宅倶《とも》に無し。

気色

青きは官非《かんぴ》を主る。田宅成ること無し。黒きは杖責《じょうせき》を主る。白きは丁憂《ていゆう》を主る。紅は田宅を成すことを主る。喜び重々たり。黄明は吉昌にして謀《はかりごと》遂げずと云ふこと無し。君子は官を加へて即日に陞《のぼ》ることを得、小人は寵を得て貴人を見るに利《よろ》し。武職、或は兵馬を領す。殺気旺《さか》んなる者は、即ち師《いくさ》を行《や》り財賦を管《つかさど》ることを主る。或は運司等の処に入りて、五品より三品に至り、三品より二品に至る。是《か》くの如く詳《つまび》らかに看る。六品以下別に区処を作《な》す。

五に男女（左は男、右は女。女子は之に反す）

○男女とは、位、両眼の下に居す。名づけて涙堂と曰ふ。三陰三陽平満は児孫、福禄栄昌たり。隠々たる臥蚕《がさん》は、子息還《また》須らく清賢なるべし。涙堂深く陥《おちい》るは、定めて男女縁なしと為す。黒痣、斜紋は、老に到つて児孫を剋《こく》すること有り。口、火を吹くが如きは、蘭房に独坐す。若《も》し是れ平満の人中、児孫終わりを送ることを得難し。

詩に曰く、

男女三陽臥蚕起る。

瑩然たる光彩は好児郎。

懸針乱理《けんしんらんり》来て位を侵せば、

宿債《しゅくさい》平生当たるべからず。

男女宮論に曰く、三陰三陽の位、豊厚に宜し。枯陥《こかん》に宜しからず。左三陽枯るれば、男を剋損し、右三陰枯るれば、女を剋損す。左右の眼下、臥蚕の紋有るは、貴子を生む。凡そ男女の眼下、肉無きは、男女を妨害す。臥蚕陥《おちい》るは、陰隲《いんしつ》少なし。当《まさ》に嗣《よつぎ》を絶つべし。乱紋侵す者は、仮子及び義女を招くことを主る。魚尾《ぎよび》及び龍宮《りゅうぐう》、黄色環遶《かんじょう》するは、陰隲を為すことを主る。臥蚕紋見《あらわ》るるは、曽《かつ》て陰徳を懐《おも》ふて人を済《すく》ふ。必ず果報有り。又云く、精寒し血竭《つ》きて華色ならずば、男は旺せず、女は育せず。若《も》し陰陽調和し、精血敷暢《ふちょう》すれば、男女交合す。故に生成の道絶えず。宜しく形象を推して、外は当《まさ》に理を以て言ふべし。玄妙自ら見はるなり。

気色

青きは産厄を主る。黒白は男女の悲哀を主る。紅黄は喜びの至ることを主る。三陽の位、紅《くれない》なるは児を生む。三陰の位、青きは女を生む。

六に奴僕（右を奴と為し、左を僕と為す）

○奴僕とは、位、地閣に居す。裏《うち》は水星に接す。頤《おとがい》円《まる》く豊満なるは、侍《じ》立群《りゅうぐん》を成《な》す。聖朝を輔弼《ほひつ》し一たび呼べば百たび諾す。口、四字の如きは、呼聚喝散《こしゅうかっさん》の権を主る。地閣尖斜は、恩を受くること深くして、而して反って怨恨を成す。絞紋《こうもん》、敗陥《はいかん》は、奴僕周《あまね》からず。墻壁低傾《しょうへきていけい》して恩、仇讐と成る。

詩に曰く、
奴僕還《また》須らく地閣豊かなるべし。
水星両角容《かたち》を相すべし。
若《も》し這《この》三処（地閣と水星の両角）都《すべ》て応ずること無く、
傾陥紋痕は総て凶と作《な》す。

奴僕宮論に曰く、懸壁虧《けんぺきか》くること無きは、奴僕希《すく》なからず。如《も》し是れ陥枯すれば、僕馬倶《とも》に無し。

気色

青きは奴馬損傷を主る。白黒は僕馬墜堕《ついだ》することを主る。遠行に宜しからず。赤きは僕馬口舌、馬を損し財を失ふことを主る。黄色は牛馬に勝る。奴僕自ら旺んなり。左門右戸、排立して行を成す。

七に妻妾（男は左を妻と為し、右を妾と為す。女は右、夫を主り、左、子を主る）

○妻妾とは、位、魚尾《ぎょび》に居す。号して奸門《かんもん》と曰ふ。光潤にして紋無きは、身保《やす》く妻全し。四徳（乃《すなわ》ち禾《か》、倉《そう》、禄《ろく》、馬《ば》。禾は両眼、倉は天倉《てんそう》、禄を口と為し、馬を鼻と為す）豊隆平満は、妻を娶りて財帛箱に盈《み》つ。顴勢《けんせい》天を侵せば、妻に因《より》て禄を得《う》。奸門深く陥《おちい》るは、常に新郎と作《な》る。魚尾紋多きは、妻房悪死す。奸門黯黲《あんざん》は、身、生離《せいり》を號《さけ》ぶ。黒痣、斜紋は、外情好《よ》くして而して心に淫欲多し。

詩に曰く、
奸門《かんもん》光沢、妻宮を保つ。
財帛箱に盈ちて始終を見る。
若《も》し是れ奸星黯黲を生じ、
斜紋黒痣は蕩淫にして惷《おろ》かなり。

妻妾宮論に曰く、魚尾《ぎょび》須らく平満を要すべし。黒陥は宜しからず。豊満なるときは則ち、夫は貴く妻は栄ふ。奴僕、行を成す。婦女の魚尾奸門《かんもん》、明潤なるは、貴人を得て夫と為す。欠陥あるときは則ち夫を妨げ、淫乱にして家を敗ることを主る。黒痣あるときは則ち、放蕩にして夫を旺ぜざることを主る。婦人鼻懸膽《けんたん》の如くなるときは則ち、富貴を主る（此の相男女、并《なら》びに同じ）。面《おもて》満月の如く、下頬豊満なるときは則ち、国母の貴きに至る。

気色

青きは妻妾憂愁思慮を主る。赤きは夫妻の口舌を主る。黒白は夫妻男女の悲しみを主る。紅黄色見るれば、夫妻、男女、和諧の喜びを主る。暗昧《あんまい》有るが如きは、夫妻の分離を主る。然らざれば少情を隔角す。

八に疾厄《しつやく》（乃ち鼻中、年寿の宮）

○疾厄とは、印堂の下、位、山根に居す。豊満高隆は、福禄窮《きわ》まり無し。伏犀《ふくさい》に連接すれば、定めて文才を主る。光彩瑩然たるは、五福倶《とも》に全し。年寿高く明らかなるは嘉名《かめい》相鳴る。紋痕、低陥は、連年迭《かわるがわ》る沈痾《ちんあ》（病）を疾む。枯骨尖斜は、未だ終身苛《わずら》はしきを受くることを免れず。気、煙霧《えんむ》の如きは、災厄躯《く》を纏《まと》ふ。

詩に曰く、

山根疾厄起きて高明、
一世災無く禍《わざわい》生ぜず。
若《も》し紋痕《もんこん》并びに露骨《ろこつ》に値《あ》はば、
平常辛苦して却つて成り難し。

疾厄宮論に曰く、年寿明潤は康泰《こうたい》なり。昏暗《こんあん》は疾病至る。

気色

青きは憂驚《ゆうきよう》を主る。赤きは重災を妨ぐ。白きは妻子の悲しみを主る。黒きは身の死を主る。紅、黄、紫は喜気の兆を主る。

九に遷移《せんい》（右を遷宮と為し、左を移宮と為す）

○遷移とは、位、眉角に居す。号《なづ》けて天倉《てんそう》と曰ふ。豊盈《ほうえい》隆満華彩《かさい》なるは、家宅憂ひ無し。魚尾《ぎよび》の位、平なるは、老に到りて人の欽羨《きんせん》を得。騰々《とうとう》たる（勢いあること）駅馬《えきば》は須らく貴ふして四方に遊宦《ゆうかん》すべし。額角《がくかく》低陥は老に到りて佳場《かじよう》を求め難し。眉連なつて交加するは、此の人、祖を破り家を離る。天地斜偏は、十居九変す。相を生ずること此の如くなれば、門戸を移すに在らずんば、必ず当に墳墓を改むべし。

詩に曰く、

遷移宮分れて天倉《てんそう》に在り。

低陥は平生佳場《かじょう》少なし。
魚尾《ぎょび》末年相応ぜずんば、
定めて遊宦《ゆうかん》して却つて尋常《よのつね》なるに因《よ》る。
遷移宮論に曰く、辺地《へんち》、駅馬《えきば》、山林《さんりん》、髪際《ばつさい》、乃《すなわ》ち出入の所為《た》り。宜しく明潤潔浄なる者は、遠行に利あり。若《も》し昏暗、欠陥、及び黒子有れば、出入に宜しからず。虎狼に驚かさる。

気色

青きは遠行に虚驚し、財を失ふことを主る。白きは馬僕失《しつ》有ることを主る。黒きは道路にて身亡ぶることを主る。紅、黄、紫は宜しく財を獲て喜ぶべし。

十に官禄《かんろく》（日月角両目を、父母官禄と為す）

○官禄とは、位、中正に居す。上《かみ》は離宮に合す。伏犀《ふくさい》頂を貫けば、一生訟《しょう》庭《てい》に到らず。駅馬《えきば》朝帰は、官事擾《みだ》れを退《しりぞ》く。光明瑩浄《えいじょう》は顕達《けんたつ》群を超ふ。常に横事を招く。眼赤理有れば、身徒《いたずら》に刑死す。離宮痕理、額角《がくかく》堂々として離宮（額のこと）に配すれば、貴きことを司る。

詩に曰く、

官禄栄宮、仔細に詳《つまび》らかにせよ。

山林倉庫、相当たるを要す。

忽然として瑩浄痕点《こんてん》無きときは、

定めて官栄を主つて貴きこと久長ならん。

官禄宮論に曰く、両眼神清くして、光りて曙星《しょせい》の如く、龍目鳳晴《ほうせい》は、貴ふして高名を主る。印堂明潤、耳白ふして面《おもて》に過ぎば、声《な》天下に聞こへて、福禄栄顕なり。如《も》し陥欠《かんけつ》飛走すれば、則ち名誉無し。

気色

青きは憂疑を主る。赤きは口舌是非を主る。白きは孝服（憂いを聞く）の至ることを主る。紅黄は上下詔書有りて、加官進職の喜びを主る。

十一に福徳《ふくとく》（両天倉、両地庫）

○福徳とは、位、天倉《てんそう》に居す。地閣に牽連《けんれん》す。天地相朝して、平生福禄滔々（はびこる）たり。五星朝拱《ちょうきょう》して、徳行須らく五福を全ふすべし。額窄《すぼ》く頦《おとがい》円かなるは、須らく苦しみ初年に在ることを知るべし。額闊《ひろ》く頤《おとがい》尖らば、迍否還《ちゅんぴかえ》つて晩年に従ふ。眉高く耳聳へば貴人の寵を得、眉圧《お》し耳側《そばだ》つは、福徳を言ふことを休《や》めよ。

詩に曰く、

福徳天倉地庫《てんそうちこ》円かなり。

五星光り照らして福綿《めんめん》々たり。

若《も》し還つて陥欠《かんけつ》并びに尖破《せんぱ》せば、

衣食平生更に全からず。

福徳宮論に曰く、天倉《てんそう》、地庫《ちこ》を福徳の宮と為す。須らく豊満明潤を要すべし。満面の春風、一団の和気は、朝に相して権を把《と》る。重々たる祖蔭、福禄永く崇《たつと》し。若し陥欠あらば利あらず。浅窄《せんさく》昏暗は、災厄常に見《あらわ》る。人亡び家破る。蓋《けだ》し心術の陰隲《いんしつ》を損了《そんりよう》するに因る。終に是れ勉強すれども、神明佑《たす》けず、事を行つて悔《く》ひを作《な》す。

気色

青きは憂疑を主る。赤きは酒肉を主る。口舌を忌む。白きは災疾を主る。黒きは死す。紅黄は吉兆なり。

十二に相貌（面部一体）

○相貌とは、先づ五岳を観《み》、次に三停《さんてい》を弁ず。五岳天に朝して、官禄栄遷《えいせん》す。三停倶《とも》に等しきは、顕達《けんたつ》永く保つ。骨肉豊盈《ほうえい》は、此の人富貴にして多く栄ふ。行《ぎよう》坐《ざ》威厳《いげん》は、人と為《な》り尊重にして能《よ》く謙す。額は初運を主り、鼻は中年を管《つかさど》る。水星、地閣、是を末主と為す。若《も》し欠陥有らば、断じて凶悪と為す。

詩に曰く、

相貌は須らく上下停を観るべし。

三停平等は自ら安寧。

若し還つて一処均等無くんば、

好悪中間に改め更《か》わること有り。

相貌宮論に曰く、骨肉相称《あいかな》ひ、気血相和し、精神清秀にして、桂林の一枝、崑山の片玉の如く、珠を淵に蔵《かく》すが如く、玉を石に隠すが如きは、貴顕にして名流《つた》ふ。翰苑《かんえん》の吉士なり。

気色

暗惨《あんざん》にして而して薄き者は凶。満面の紅黄明潤は大吉の兆なり。

十二宮総訣

○父母宮論に曰く、日月角、須らく高明を要すべし。瑩浄なるときは則ち、父母長寿にして康寧なり。低塌《ていとう》なるときは則ち、幼ふして双親を失ふ。暗昧《あんまい》なるときは則ち、父母疾《やまい》有り。左角偏《かたよ》れば父を妨げ、右角偏れば母を妨ぐ。或は父を同じふして母を異にし、或は母に随って父に嫁《か》し、祖を出でて、家を成せども、重々として災注ぐ。只《ただ》仮養に宜し。方《まさ》に刑傷を免れん。又云く、重羅畳計《ちようらじようけい》は父母を重拝す。或は父乱し母淫し、外奸と通ず。又、父を妨げ母を害《そこな》ふことを主る。頭側《そば》だち、額窄《すぼ》くは、多くは是れ庶出、或は奸に因て而して得《う》。又云く、左の眉高く右の眉低きは、父は在りて母は先帰す。右の眉上り左の眉下るは、父は亡びて母再び嫁す。額削り眉交はる者は、父母早く抛《なげう》つことを主る。或は反面にして情無し。是を隔角《かくかく》と為す。両角頂《いただき》に入るは、父母双《ふた》つながら栄へて名聞こゆ。更に祖蔭を受く。

気色

青きは父母の憂疑を主る。赤きは口舌争訟有り。黒白は父母の喪亡を主る。紅黄は双親の喜慶を主る。

十二宮歌（龍法眼の新たに発揮する所、復《ま》た初学の為《ため》に茲《ここ》に附《ふ》す）

○命宮　第一命宮、印堂に居す。光明鏡の如きは文章有り。
○財帛　第二財帛、鼻梁《びりよう》を見よ。平生紅潤は衣糧足る。
○兄弟　第三兄弟、眉毛長し。堂々たる同気悉《ことごと》く賢良。
○田宅　第四田宅、眼神光る。栄々たる産業量るべからず。

○男女　第五男女、涙堂に位す。三陽平満は子孫康《やす》し。
○奴僕　第六奴僕、地倉に満つ。牛馬行を成して痕傷無し。
○妻妾　第七妻妾、太陽の傍《かたわ》ら。瑩浄は須らく君王に配すべし。
○疾厄　第八疾厄、鼻の中央。平生最も紅黄有るを喜ぶ。
○遷移　第九遷移、福堂に居す。隆満は宜しく四方に遊宦すべし。
○官禄　第十官禄、中正に接す。伏犀《ふくさい》頂を貫いて貴きこと久長ならん。
○福徳　十一福徳、天倉《てんそう》に在り。黄光志を得て喜び常ならず。
○相貌　十二相貌、相当《あ》たるを要す。三停平等福禄昌《さか》んなり。

容《かたち》の貴賤を相す

○夫れ人は、頭《かしら》を以て主と為し、眼《まなこ》を以て権と為す。頭は則ち身体の首《はじめ》、眼は則ち形容《ぎょうよう》の光なり。頭の方円を観、眼の黒白を視る。頭円《まど》かにして而して必ず貴く、目善くして而して必ず慈あり。眼竪《たて》にして而して性剛に、晴露《あらわ》れて而して性毒、斜に視て而して妬忌《どき》を懐《いだ》き、近く視て而して心性蔵《かく》す。性、剛強にして而して心必ず曲がる。気、温柔にして而して貌《かたち》必ず和す。満面の青藍《せいらん》は多く迍否《ちゅんぴ》に逢ふ。紅黄改めざれば、必ず栄昌に遇ふ。黒白色を侵せば、横疾病を憂ふ。紛々たる（乱るゝ）紫色は、福禄を見ること以て猶《なお》遅し。赤色縦横は、官災将《まさ》に至らんとす。子を剋《こく》し児を害することを知らんと要せば、必ず是れ眼下肉無し。臥蚕《がさん》平起は、後嗣《こうし》相随ふ。眉中旋有《つじけ》らば、兄弟全からず。眉一字を横たへて、義足り士を愛す。準頭円《じゅんとうまど》かにして截筒《せっとう》（筒を切る形）に似たるは、官高く位顕《あらわ》る。奸詐孤貧《かんそこひん》を知らんと要せば、他の鼻頭を看るに尖薄なり。又且つ中年に衰困す。若《も》し是れ当門牙歯《げし》を露し、結喉《けっこう》を露すは、相中大いに忌む。男子此の如くにして骨肉分離す。婦人此の如くにして夫を妨げ子を絶つ。口小さく唇薄きは、此の人、是《ぜ》多く非多し。印上の雑紋は、決定《けつじょう》して刑法を逃れ難し。口角両《ふた》つながら垂れて下に向ふは、因て奸詐便宜《びんぎ》なることを知る。富貴聡明を知らんと欲せば、須らく眼、漆を点するが如く得べし。口四字の如く、唇硃《しゅ》の紅に似たるを、両角天倉《てんそう》に朝するは、定めて是れ公侯の位。眉高く耳聳《そび》へば、官禄栄遷す。部位を看、学堂《がくどう》を相す。須らく六処陥《おちい》らざることを要すべし。僧道に在りては、則ち千人の上《かみ》に出入し、仕途に在りては、則ち位三公の際《あいだ》に至る。但《ただ》、眉間の黒子有れば、初年に水厄の憂いを主る。痣、眼尾《がんび》(目尻)に生じて、中年必ず水厄に遭ふ。身肥へ項促《うなじちぢ》むは命久長ならず。貴賤吉凶を知らんと要せば、須らく此の風鑑《ふうかん》(相学)に本づくこと有るべし。

人身通論

満庭芳《まんていほう》(蓋し明の人。柳荘先生の徒なり)

○額広く、頂《いただき》高く、耳垂珠《すいしゅ》。頭円く、腹垂れ、足、厚腴《こうゆ》(厚く肥ゆる)。形容敦厚《とんこう》にして気寛舒《かんじょ》。瑩然たる美貌、光輝有り。皆是れ五行分明なるが故に、豊衣足食、両《ふた》つながら相宜し。夫れ智慧有るは、眉清く目秀でて威あり。龍肘《りゅうちゅう》并びに虎臂《こひ》、声価《せいか》少年に知らる。山根、色明朗、地閣、肉豊肥、鼻《び》準《じゅん》、懸膽《けんたん》の如く、項《うなじ》、後に余皮あるは、賦性《ふせい》高く名磊落《らいらく》たり。面《おもて》方《けた》に背闊《ひろ》く、宛《あたか》も亀の如く、更に兼ねて五岳寿数を介《たす》けば、親子《しんし》安全にして好《よ》く眉を斉《ひと》しふせん。

形の有余を論ず

○形の有余とは、頭項円厚、腰背《ようはい》豊隆、額闊《ひろ》く、口方《けた》に、唇紅に、歯白く、耳円《まど》かにして輪を成し、鼻直くして膽の如く、眼、黒白を分ち、眉秀でて疎長、肩膊臍《けんばくさい》厚く、胸《きょう》、臀《でん》、骿《べん》（あばら骨）広く、腹円かに垂れ下り行坐端正、五岳朝帰し、三停相称《さんていあいかな》ひ、肉膩《あぶら》つき、骨細やかに、手長く、足方《けた》に、之を望むに巍々《ぎぎ》然として而して来たり。之を視るに怡々《いい》（にこやか）然として而して去る。是れ皆、形の有余なり。形の有余なるは、人をして長寿にして病無く、富貴にして而して栄へしむ。

神の有余を論ず

○神の有余とは、眼光清瑩、顧眄《こめん》（眼差し）斜めならず、眉秀でて而して長く、精神聳へ動き、容色澄徹、挙止汪洋《おうよう》、恢然《かいぜん》として遠く視れば、秋日の霜天を照らすが若く、巍然として近く矚《み》れば、和風の春花動かすに似たり。事に臨みて剛毅なり。猛獣の深山を歩むが如し。衆に出でて逍遙《しょうよう》す。丹鳳の雲路に翔けるに似たり。其の坐するや、界石《かいせき》の動かざるが如く、其の臥すや、棲鴉《せいあ》の揺《うご》かざるが如く、其の行くや、洋々然として平水の流るるが如く、其の立つや、昂々然として孤峰の聳ゆるが如し。言妄《みだ》りに発《はな》たず、性妄りに躁《さわ》がず、喜怒其の心を動かさず、栄辱其の操《こころばせ》を易《か》へず、万態前に紛錯すれども、而も心常に一なり。是れ則ち神の有余と謂ふべし。神の有余なるは、皆は上貴の人と為す。凶災其の身に入り難く、天禄永く其れ終へん。

形の不足を論ず

○形の不足とは、頭項尖薄、肩髆狭斜《けんはくきようしや》、腰肋疎細《ようろくそさい》、肘節短促《たんそく》、掌《たなごころ》薄く、指疎《あら》く、唇蹇《かか》げ、額撓《ひし》げ、鼻仰ぎ、耳反り、腰軟らかに、胸陥《おちい》り、一眉曲り、一眉直く、一眼仰ぎ、一眼伏し、一睛大、一睛小、一顴高く、一顴低く、一手紋有り、一手紋無し、睡中に眼開け、言《こと》、女声を作《な》す。歯は黄にして而して露《あらわ》れ、口尖つて而して臭く、禿頂衆髪無く、眼深くして睛を見ず。行歩欹側《きそく》（そばだち）し、顔色萎怯《いきよう》し、頭小さくして而して身大いに、上長ふして而して下短し。此れ之を形の不足と謂ふなり。形の不足なるは、多疾にして而して短命、薄福にして而して貧賤なり。

神の不足を論ず

○神の不足とは、酔はずして酔ふに似たり。常に病酒（酒乱の類に似たり）の如く、愁いずして愁ふるに似たり。常に憂慼《ゆうせき》の如し。睡《ねむ》らずして睡るに似たり。纔《わずか》に睡つて覚め難し。哭せずして哭するに似たり。常に驚懼《きようく》するが如し。嗔《いか》らずして嗔るに似たり。哀しまずして哀しむに似たり。驚かずして驚くに似たり。癡《おろ》かならずして痴かなるに似たり。畏《おそ》れずして畏れるに似たり。容止滑乱、気滞《とどこお》り血濁つて癲癇《てんかん》に染まるに似たり。神悽《いた》み、色愴《いた》んで、常に大失（物忘れ）するが如く、恍惚悵惶《ちようこう》として常に恐怖するが如し。言語瑟縮《しゆつしゆく》（行き詰まり）にして、羞ぢて穏蔵するに似たり。貌《かたち》低摧《ていさい》（垂れくだけて）を現はして、凌辱に遭ふが如し。色初め鮮やかにして而して後

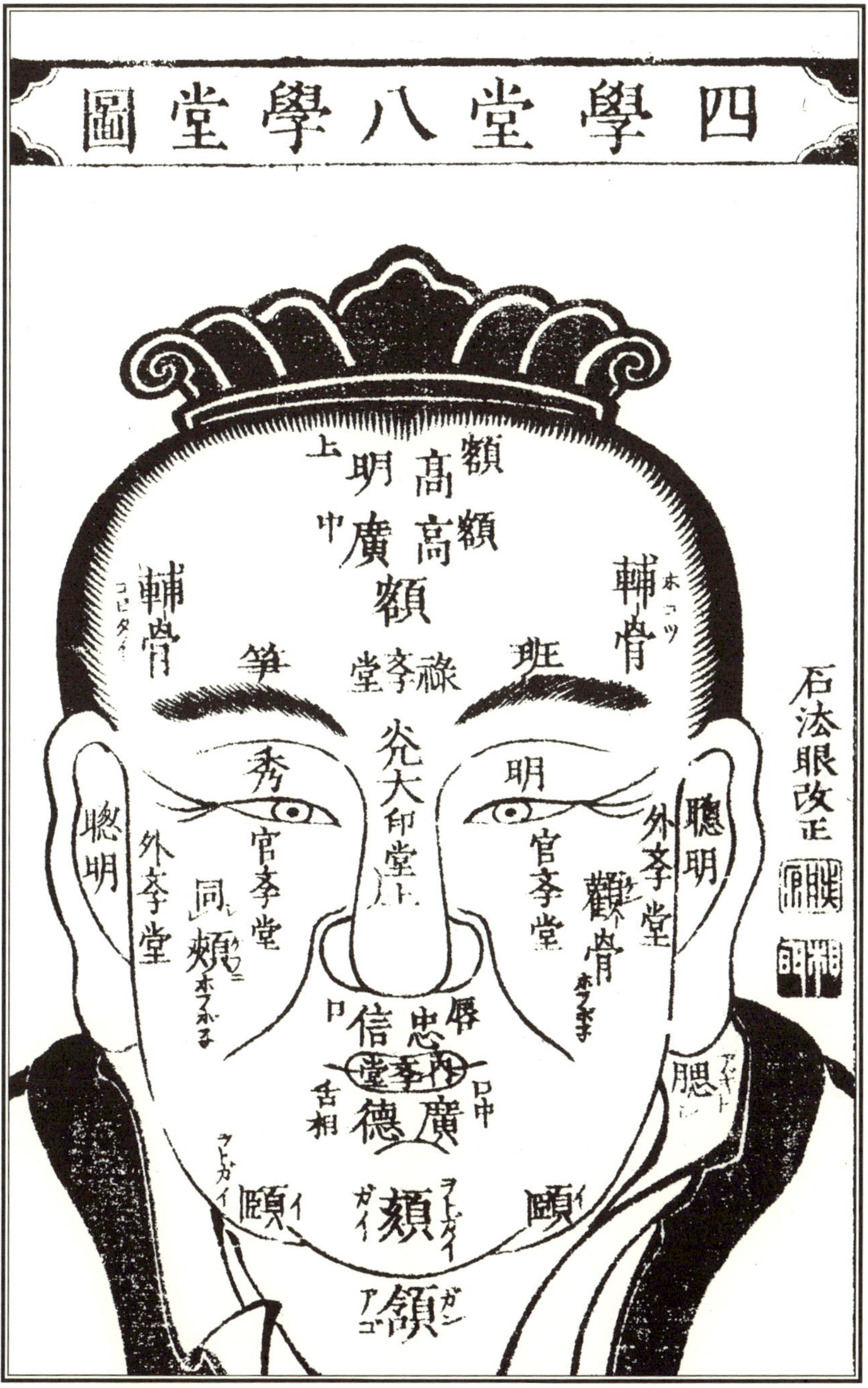
四學堂八學堂圖
額高明上
額高廣中
額
輔骨
輔骨
班
笋
祿学堂
秀
明
聰明
聰明
外学堂
外学堂
官学堂
官学堂
顴骨
同頬
唇
忠信
口
内学堂
口中
廣徳
舌相
頤
頦
頤
頷
腮
石浛眼改正

三才三停五官六府圖

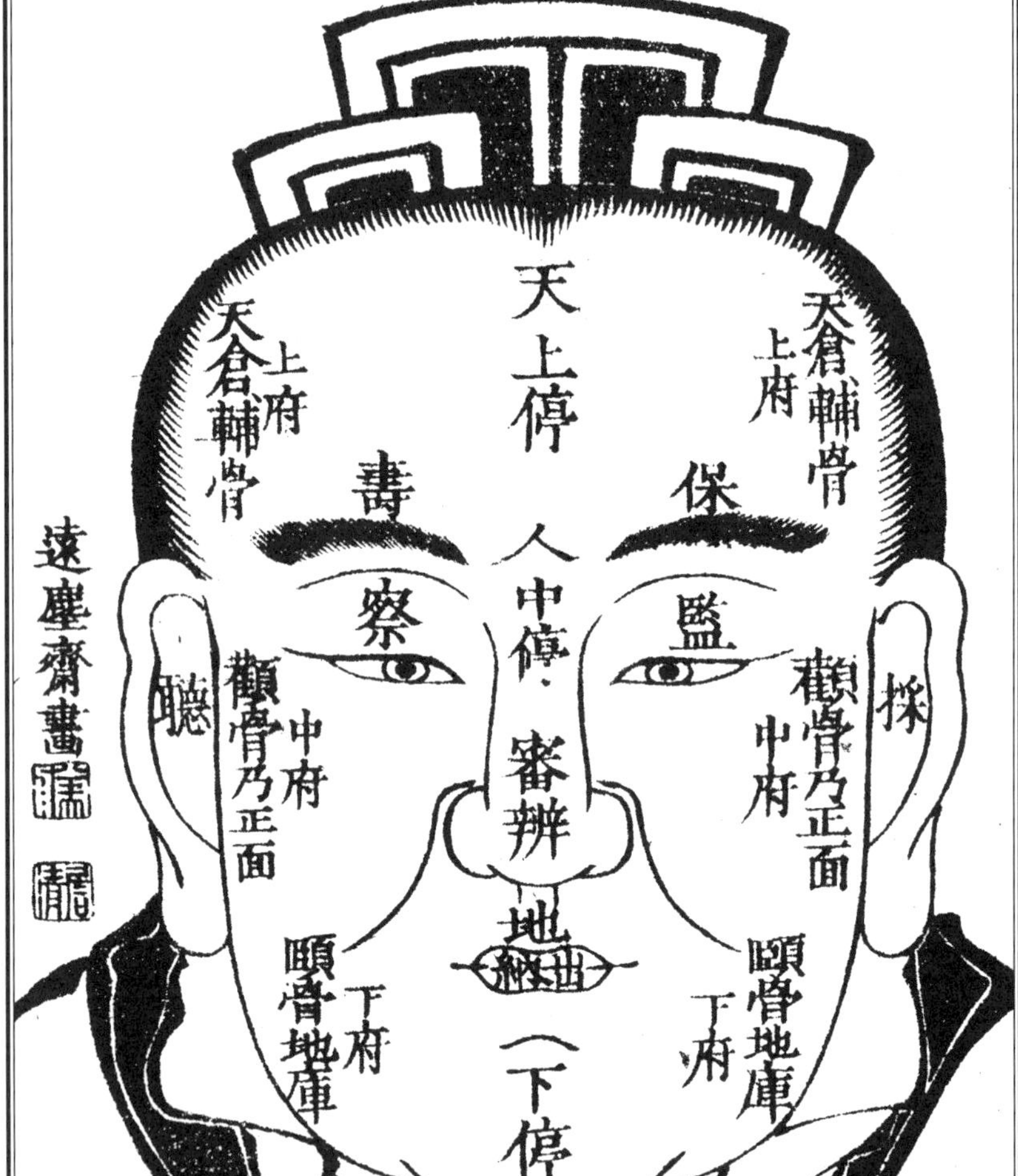

天上停
人中停
地下停
天倉輔骨
上府
天倉輔骨
上府
壽
保
察
監
聽
採
顴骨乃正面
中府
顴骨乃正面
中府
審辨
出納
頤骨地庫
下府
頤骨地庫
下府
遠塵齋畫

暗く、語初め快くして而して後訥《ども》る。此れ之を神の不足と謂ふなり。神の不足なるは、多くは牢獄《ろうごく》の厄を招く。官人は位を失ふことを主るなり。

四学堂論

○一に曰く、眼を官学堂《かんがくどう》とす。眼は長ふして而して清きを要す。官職の位を主る。

○二に曰く、額を禄学堂《ろくがくどう》とす。額は闊《ひろ》くして而して隆《さか》んなるを要す。高官長寿を主る。

○三に曰く、当門の両歯を内学堂《ないがくどう》とす。周正《しゅうせい》にして而して密なることを要す。忠信孝敬を主る。疎欠にして而して尖るは狂妄《きょうぼう》多きことを主るなり。

○四に曰く、耳門の前を外学堂《がいがくどう》とす。耳前豊満を要す。光潤なるは聡明を主る。若《も》し昏沈ならば、愚鹵《ぐろ》の人なり。

四学堂論の歌

○官学堂　黒白分明《ふんみよう》は、官職繁栄す。
○禄学堂　日角珠庭《しゆてい》は、倉庫豊盈す。
○内学堂　門牙瑩《ひか》るを要す。九族和平す。
○外学堂　命門清きを要す。四海名を馳《は》す。

八学堂論の歌

○高明《こうめい》　第一高明の部学堂。頭を円《まど》かに、或は異なる骨の昂《あが》る有り。
○高広《こうこう》　第二高広の部学堂。額勢明潤、骨起《おこ》して強し。
○光大《こうだい》　第三光大の部学堂。印堂平明にして痕傷無し。
○明秀《めいしゆう》　第四明秀の部学堂。眼光黒多く、神隠蔵《いんぞう》す。
○聡明《そうめい》　第五聡明の部学堂。耳に輪郭、紅、白、黄有り。

○忠信《ちゆうしん》　第六忠信の部学堂。　歯斉《ひと》しく周密にして、白きこと霜の如し。
○広徳《こうとく》　第七広徳の部学堂。　舌長く準《じゆん》（鼻先）に至り、紅にして且つ方《けた》なり。
○班笋《はんじゆん》　第八班笋の部学堂。　霓《にじ》の天に横たはるが如く、天に細秀して長し。

学堂《がくどう》の詩《し》四首　（初の二首は官禄二つを論ず。後の二首は総て八位を論ず）

○無官少禄の人を識らんと欲せば、
盗門の青気羅紉《らじん》有り（盗門は即ち奸門《かんもん》。盗奸相類す。左盗右奸、奸の左は官災、奸の右は賊難。○羅紉の紋は膚《はだえ》柚《ゆ》皮《ひ》の如く、青赤雑班、縦横の細理）。
更に鼻上をして紅点多からしめば、
惜しむべし、虚労《きよろう》枉《ま》げて苦辛す（赤点鼻上に発す。是れ労して功無きの象なり）。
○月孛《ばい》尖つて先づ破財を主る。
中年流落して、又、災多し（清貧の質）。

官非口舌、他に説くこと無かれ。
只、仙賢と相往来せよ（唯、隠逸に宜し）。
○琴書を背負《はいふ》して名を得ざるは、
学堂《がくどう》彩《ひかり》無くして三停陥《おちい》ればなり（明経碌々、子が宜しき所に非ず）。
天中一位、若《も》し変無くんば、
空しく年月を将《お》つて朝廷に在らん（士は器識を先に、而して文芸を後にす）。
○班笋（眉）、広徳（舌）、忠信（口唇）と、
光大（印堂）、二高（額の上と中央）及び二明（耳目）、
八位の学堂《がくどう》能《よ》く相応ぜば、
人生富貴にして吉慶《きつけい》多し（上の文を総結して之を言ふ）。

五官論法（既に十観の中に詳《つまび》らかなり）

五官総論の詩

達磨《だるま》（西天二十八祖。震旦、初祖、是れなり）

○眉緊《きび》しく鼻端平《たん》（緊しくとは疎散《そさん》ならざるなり。端平とは鼻正直なり）、耳聳へて眼大いに明らかなり（聳へるとは耳提起《ていき》するなり。明らかとは黒白分明なり。大いにして而して収合あるを河目《かもく》と為すなり）。海口、仰（仰月）弓（角弓）の形は（海角上に朝すればト形角弓に似たり。大いにして而して歯露さざるを海口と曰ふ）、晩運必ず通享す（晩運とは、専《もっぱ》ら口を指して言ふなり）。

六府論法

○六府とは、両輔骨《ほこつ》、両顴骨《けんこつ》、両頤骨、其の充実して相輔くることを欲す。支離して枯露することを欲せず。

○霊台秘訣に云く、上の二府は輔角《ほかく》より天倉《てんそう》に至る。中の二府は命門より虎耳《こじ》に至る。下の二府は虎耳より地庫《ちこ》に至る。六府充直にして欠陥瘢痕無きは、一世の財旺《さか》んなることを主る。

詩に曰く、

天倉《てんそう》峻《しゅん》起《き》は官禄遷《うつ》る。
中府顴勢《けんせい》威権《いけん》有り。
地庫《ちこ》方正《ほうせい》は万頃の田。
此の中欠くるは亦た然らず。

三才三停の論

○三才《さんさい》とは、額を天と為す。円《まど》かにして而して高きを欲す。名づけて天あるは貴しと曰ふ。

○鼻を人と為す。明らかにして而して斉《ひと》しきを欲す。名づけて人有るは寿《いのちながし》と曰ふ。
○頬を地と為す。方《けた》にして而して闊《ひろ》きを欲す。名づけて地あるは富むと曰ふ。
○三停《さんてい》とは、髪際《ばっさい》（髪の生え際）より印堂に至るまでを上停とす。是れ初主。
○山根より準頭《じゅんとう》に至るまでを中停とす。是れ中主。
○人中より地閣に至るまでを下停とす。是れ末主。
訣に曰く、上停長きは、少年昌《さか》んなり。中停長きは、君主に近づく。下停長きは、老いて吉祥。三停平等は、富貴栄顕。三停均しからざれば孤夭《こよう》貧賤なり。

面の三停を相す

○面の三停とは、髪際より下《しも》、眉に至るまでを上停とす。眉間より下、鼻に至るまでを中停とす。鼻準《びじゅん》より下、人中より頬に至るまでを下停とす。

夫《そ》れ三停とは、以て三才《さんさい》に象《かたど》るなり。上停は天に象り、中停は人に象り、下停は地に象る。故に上停長ふして而して豊かに、方にして而して広きは、貴きことを主る。又、官職を見るなり。中停隆《さか》んにして而して直《なお》く、峻《たか》くして而して清きは寿を主る。又、衣食を見るなり。下停寛《ゆた》かにして而して満ち、端《ただ》しふして而して厚きは、富を主る。又、眷属を見るなり。若《も》し上停、尖窄《せんさく》、欠陥《けつかん》なるは、刑厄の災を主る。父母を妨剋す。多くは卑賤の相なり。中停、短促《たんそく》（短く縮む）、褊塌《へんとう》（狭く落つる）なるは、不仁不義を主る。智識《ちしき》短少にして兄弟妻子の力を得ず。又、中年の破損を主るなり。下停、尖薄長窄なるは、田宅無きことを主る。生れながらにして貧苦、老いて而して艱《かん》辛《しん》なり。三停皆称《かな》ふは、乃《すなわ》ち上相の人とす。

詩に曰く

面上の三停、仔細に看よ。

額高ふして須らく耳門寛《ひろ》きことを要すべし。
学堂《がくどう》部位、取るに堪えずんば、
空しく文章有りて恐らくは官没《な》し。
鼻梁《びりよう》隆起して懸膽《けんたん》を好む。
促《ちぢ》むは中年にして寿曼《なが》からず。
地閣満ち来て田地盛《さか》んに、
天庭平闊《てんていへいかつ》にして子孫安《やす》し。

三相所主の詩

額尖るは初主の祆《わざわい》、鼻歪《ゆが》めば中主逃《のが》る。晩景の事を知らんと欲せば、地閣、方に高きを喜《この》む。

又曰く、

面上の三停、額《がく》、鼻《び》、頦《がい》。
六府は両顴《りようけん》、輔骨《ほこつ》、腮《さい》。
初中晩運《うん》天人地。
人間の吉と災とを看取せよ。

三柱を論ず

○頭を寿柱《じゆちゆう》とす。一名は棟柱《とうちゆう》。寿夭《じゆよう》を見ることを主るなり。
○鼻を天柱《てんちゆう》とす。一名は梁柱《りようちゆう》。賢愚《けんぐ》を見ることを主るなり。
○足を下柱《かちゆう》とす。一名は根柱《こんちゆう》。虚実《きよじつ》を見ることを主るなり。

三柱の歌

○頸項《けいこう》折れて、寿算竭《じゆさんつ》き（棟柱《とうちゆう》を言ふなり）、

鼻梁《びりょう》絶《た》へて性愚劣《ぐれつ》（梁柱《りょうちゅう》を言ふなり）、
両足整《な》えて子孫滅《ほろ》ぶ（根柱《こんちゅう》を言ふなり）。
三柱共に欠けずんば便《すなわ》ち是れ人間の好時節《じせつ》（総て句を結ぶなり）。

身の三停を相す

○身に三停を分つ。頭を上停とす。人、矮小《わいしょう》にして而して頭《こうべ》大長なるは、上梢《じょうしょう》有りて下梢《かしょう》無し。身、長大にして而して頭《こうべ》短小なるは、一生貧寒《ひんかん》。肩より腰に至るまでを中停とす。相称《あいかな》ふ事を要す。短きときは則ち寿《じゅ》無し。長きときは則ち貧《ひん》。腰軟《やわ》らかにして而して坐するとき、倶《とも》に動《どう》するは、力無くして而して寿無し。腰より足に至るまでを下停とす。上中停と斉《ひと》しからんことを要す。而して長きを欲せず。長きときは則ち多病。亦た短きを欲せず。短きときは則ち破敗《ははい》す。若《も》し上中下の三停、長短大小斉《ひと》しからざるは、此の人、寿無し。或は貧賤を主る。故に一身の三停相称《あいかな》ふことを美《よ》しとす。

詩に曰く
身上の三停、頭《ず》、足《そく》、腰《よう》。
他の長短を看《み》るに、均調《きんちょう》ならんことを欲す。
下長上短は公侯の表《ひょう》。
長短参差《しんし》（不揃いなること）は福饒《ゆた》かならず。

其二
上停豊かに秀で厚ふして而して長し。
是は此れ平生大いに吉昌なり。

若し下停長ふして且つ薄きを見ば、
此の輩、貧苦にして四方に走る。

其三
中停長き者、多くは貴人。
背《せなか》三山に似て宝珍《ほうちん》足る。
若し手脚長く身反《かえ》つて短きは、
区々《くく》として浪《なみ》に走る一凡民《いっぱんみん》なり。

其四
上長下短は賤人の体《たい》。
形貌乾枯《ぎょうぼうかんこ》にして骨格粗《そ》なり。

若し両眼円《まど》かにして竹蓋《ちくがい》の如きは、
中年の裡《うち》、面《まのあた》り田を産すること無なり。

其五
下停短く上停長し。
終日区々《くく》として寿彊《じゅきょう》を促《ちぢ》む。
上停豊かに下停厚し。
衣食自然に倉箱《そうそう》に満つ。

其六
三停短しと雖《いえど》も虧偏《きへん》（欠け偏る）無し。
五岳端厳《たんげん》にして富貴全し。

上下の両停兼ねて短促《たんそく》ならば、
一生終《つい》に是れ迍邅《ちゅんてん》を受く。

神相全編正義巻上終

神相全編正義　中巻

宋朝　希夷陳図南秘伝
明朝　柳荘袁忠徹訂正
本朝　石龍子法眼改誤
　　　石孝安同校執筆

人面総論

○天庭《てんてい》は起るを欲して、司空《しくう》は平、中正《ちゅうせい》広闊にして印堂《いんどう》清し。山根《さんこん》断《た》えず、年寿《ねんじゅ》潤《うるほ》して、準頭《じゅんとう》斉しく円く、人中《じんちゅう》正し。口、四字の如く、承漿《しょうしょう》闊《ひろ》し。地閣《ちかく》朝帰《ちょうき》して倉庫（禾倉と地庫）盈《み》つ。山林《さんりん》円満にして駅馬《えきば》豊かに、日月高く辺地《へんち》静かなり。陰陽（三陰と三陽）肉多く魚尾《ぎょび》長し。正面顴骨《けんこつ》神光有り。蘭《らん》廷《てい》平満にして法令《ほうれい》正し。金櫃《きんき》、海角、微黄を生ず。三陰三陽枯焦《こしょう》せず。龍蔵虎伏仍《よっ》て相当る。五嶽四瀆《ごがくしとく》に剋破無くんば、便《すなわ》ち是れ人間の可相郎《かそうろう》。

面を論ず

○夫《そ》れ百部の霊居を列《つら》ね、五臓の神路に通ず。惟《ただ》、三才《さんさい》の象《しょう》を成して一身の得失を定むる者は面《おもて》なり。故に五嶽四瀆、相朝を得んと欲す。三停六府、豊満を得んと欲すなり。貌端《かたちただ》しく、神浄《きよ》く、気和する者は、乃《すなわ》ち富貴の基《もとひ》なり。若《も》し夫《そ》れ欹斜《きしゃ》して正しからず、傾側欠陥、色沢昏暗、気貌醜悪なる者は、貧賤の相なり。是を以て面の色白ふして凝脂《ぎょうし》の如く、黒ふして漆光《しっこう》の如く、黄なること蒸栗の如く、紅にして縫繒《ほうそう》（もみ）の如き者は、皆大富貴。若し面色赤暴にして火の如き者は、短命卒亡す。毛色茸々《じょうじょう》（茂る象《かたち》）として昏濁枯焦《こんだくこしょう》し、風無きに塵埃《じんあい》有るに似たるは、貧下夭死す。面色怒つて青藍に変ずる者は毒害の人。面《おもて》三拳を作《な》す者は、男は子を剋《こく》して而して貧しきことを主る。女は夫を剋して而して賤しきことを主る。面《おもて》満月の如く、両眼清秀にして而して神彩人を射る者は、之を朝霞《ちょうか》の面《おもて》と謂ふ。男は公侯将相を主り、女は后妃《こうひ》夫人を主る。面の皮厚き者は、性純にして而して富む。面の皮薄き者は、性敏にして而して貧し。身肥え面瘦する者は、命長く性緩なり。身瘦せ面肥ゆる者は、命短かく性急なり。面《おもて》白く身黒き者は、性易ふして而して賤し。面黒く身白き者は、性難ふして而して貴し。若し面、黄瓜の如き者は、富貴栄華。面、青瓜の如き者は、賢哲誇るに堪えたり。

面を相す

○面は長ふして而して方《けた》なることを欲す。若《も》し上下尖《とが》り狭《せま》く棗核《そうかく》の如き者は貧賤。面に三停有り。髪際《ばっさい》より眉に至るまで上停とす。眉より準頭《じゅんとう》に至るまでを中停とす。準頭より地閣に至るまでを下停とす。上停長き者は、貴ふして初運有り。中停長き者は寿、中主有り。下停長き者は富む、下稍有り。面に六府有り。輔骨《ほこつ》を上の両府とす。顴《けん》骨を中の両府とす。頤《い》骨を下の両府とす。上《かみ》尖り狭き者は賤し。官に利《よろ》しからず。下《しも》尖り狭き者は貧。下梢無し。顴骨に寿紋有りて耳に入り、若し兼ねて鬢《びん》に入る者は貴し。高ふして狭き者は孤なり。頷《がん》骨闊《ひろ》き者は富む。尖る者は窮す。腮《さい》骨大いに開き闊《ひろ》ふして耳後に見《あらわ》るゝ者は心毒なり（上巻三停六府、先づ見よ。茲に以て要訣の語を附すなり）。面《おもて》に五星六曜《ごせいろくよう》有り。額を火星とす（火星、須らく方なることを得べし。方なる者は棟梁《とうりょう》と為る）。鼻を土星とす（土星、須らく厚きを要すべし。厚き者は長寿を得）。口を水星とす（水星、須らく紅を要すべし。紅なる者は三公と作《な》る）。左の耳を木星とす（木星、須らく朝することを要すべし。朝する者は五福饒《ゆた》かなり）。右の耳を金星とす（金星、須らく白きを要すべし。白き者は官爵に進む）。左の眉を羅睺《らご》とす（羅睺、須らく長きを要すべし。長き者は文章美《うるわ》し）。右の眉を計都《けいと》とす（計都、須らく斉しきを要すべし。斉しき者は弟兄多し）。左の眼を太陽とす（太陽、須らく光るを要すべし。光る者は福禄強し）。右の眼を太陰とす（太陰、須らく黒きを要すべし。黒き者は官職有り）。眉中（乃ち印堂）を紫炁《しき》（古の気の字）とす（紫気、須らく円《まど》かなるを得べし。円かなる者は始終全し）。山根を月孛《げつぱい》とす（月孛、須らく直《なお》きを要すべし。直き者は衣食を得）。

訣に曰く、面《おもて》に対《むか》って耳を見ず、問ふ、是れ誰《た》が家の子ぞ（大貴を主る）。面に対して先づ腮《あぎと》を見る。此の人、何れの処より来たる（大いに好《よ》からず）。

詩に曰く、

面《おもて》粗く身細やかなるは多福の人。

面細やかに身粗きは一世貧。

縦《たとい》玉楼《ぎょくろう》有れども縦髪《じゅうはつ》無きは、

一生義無く、又、親《しん》無し。
鼻梁《びりょう》高く起らば、豈尋常《あによのつね》ならんや。
短促《たんそく》なるは中年寿長からず。
地閣豊円にして田宅盛《さか》んに、
天庭《てんてい》平闊《かつ》にして子孫昌《さこ》ふ。

頭并びに髪を相す

○頭《かしら》は一身の尊《そん》、百骸《がい》の長《ちょう》、諸陽の会《くわい》、五行の宗《そう》、高きに居て而して円《まど》かに天の徳に象《かたど》るなり。其骨豊かにして而して起るを欲す。峻《たか》ふして而して凸《なかだか》なるを欲す。皮は厚きを欲す。額は方《けた》なるを欲す。短きときは則ち厚きを欲す。長きときは則ち方なることを欲す。頂凸《いただきなかだか》なる者は高貴、陥《おちい》る者は夭寿、皮薄き者は貧賤を主る。頭《かしら》に日角有る者は（乃《すなわ》ち仙骨なり）

大貴を主る。右陥《おちい》る者は母を損す。左陥る者は父を損す。耳後に骨有り、名づけて寿骨と曰ふ。起るは長年、陥るは寿夭《みじか》し。太陽の穴骨あり、名づけて扶桑骨と曰ふ。耳の上に骨有り、名づけて玉楼骨《ぎょくろう》と曰ふ。並びに富貴を主る。行くに頭《こうべ》を揺《うご》かすことを欲せず。坐して首《こうべ》を低《た》るゝことを欲せず。皆貧賤の相。髪際低きは性愚にして而して夭す。髪際高き者は性知にして而して寿。項後髪高きは其の性僻下《へきげ》。髪は疎にして而も黒く短くとも而も潤へるを欲す。髪早く白き者は凶。白ふして而して再び黒き者は吉。古《いにしえ》より濃髪《じょうはつ》の宰相無く、亦た突髪の健児なし。大概髪は潤沢にして而して黒きを欲す。焦枯して而して濃きを喜《この》まず。若《も》し双頂の者は（尼丘山の類）多くは父母を妨ぐ。

訣に曰く、頭小さく頸長きは、貧乏常に異なり。蛇頭屈曲は、槽糠《そうこう》足らずも、頭短ふして而して円《まど》かなるは、福禄綿々たり。腮《あぎと》肥えて下に垂るるは、奴僕相随ふ。頭小さく髪長きは、他郷《たきよう》に散走す。髪、黄にして而して焦《こ》がるゝは、貧ならざれば則ち夭す。髪短ふして巻くが如きは、性剛強を主る。或は赤く或は白きは、貧夭の相。

詩に曰く、

脳後《のうご》太陽の骨豊かに起る。官に薦《すす》み寵《ちよう》を享《う》けて自ら延年。髪疎《まば》らに面薄きは皆貧賤。父母の難は左右の偏を看よ。

○頭小さく髪長きは蹤跡散ず。髪長く頭窄《すぼ》きは命長し難し。髪生じて耳に到らば須らく餓死すべし。捲髪《けんばつ》螺の如きは必ず傷《やぶ》れ有り。

○頭上方円額正平、此の人富貴にして高名あり。頂骨鼻に連《つら》なつて（乃《すなわ》ち伏《ふく》犀《さい》なり）終に相に拝《せい》せらる。世々生々栄《えい》を受くべし。

○頭《かしら》角骨を生じて武の封侯《ほうこう》。脳後《のうご》連山は富貴の流《たぐい》。枕骨重ねて生じて終に賤《いや》しからず。上尖り下長きは奔波《ほんば》愁《うれ》ふ。兎頭《ととう》多くは是れ性軽狂なり。額上金微《きんび》（額高低有りて、金微山の形に似たるを言ふ）は父早く亡ぶ。少年白髪多きは妨剋す。両鬢欠《びんかん》疎《そ》は心良からず。

○頂中垂れ下るは是れ賢女。長頭青髪、貴人に嫁《か》す。更に膚《はだえ》光り面《おもて》円満なることを得ば、必ず后妃となりて国恩頻《しき》りなり。

○男女頭身靨子《ようし》（靨は、音、葉《よう》。面上の黒子なり）多きは、再嫁重婚、奔波を苦しむ。病無くして面《おもて》塵埃《じんあい》の色を帯ぶれば、短命孤寒にして坎坷《かんか》を受く。

○髪青く光り細きは、是れ栄高。女は妃、男は貴にして明朝を佐《たす》く。黄粗にして更に捲毛有る者は、定めて夫を亡ぼし婿苗《せいびょう》を剋《こく》すことを主る。

○両鬢《びん》毛疎《そ》なるは殺を好む。人少《わこ》ふして白髪を生ずるは双親を剋す。旋《つじけ》有りて額に垂れ兼ねて項《うなじ》に垂るゝは、多淫にして婦を刑す。豈論ずるに堪えんや。

髪を論ず

○人の髪有る、山岳の草木有るに象《かたど》る。草木茂盛《もせい》なるときは、則ち山岳蔽《おお》ふて而して明らかならず、欝として清からず。故に毛髪は密にして而して細やかに、短くとも而して潤へるを得んと欲す。黒くして而して光り秀でて而して香ばしきは、乃《すなわ》ち貴人の相なり。若《も》し夫髪の色黄なる者は、多くは妨剋す。髪の色赤き者は多くは災害。粗硬にして而して索《なわ》の如き者は、性剛にして而して孤独なり。髪繁く多にして而して気臭き者は、迍滞《ちゅんたい》にして而して貧賤なり。髪、蓬巻《ほうけん》（ヨモギのちぢれること）の如き者は、性狡にして而して貧苦。髪際多き者は貧賤。髪際高き者は性和す。項後髪高きは其の性僻毒（鬢《びん》髪細密なるときは則ち血気の充満。粗疎なるは則ち血気の浮薄。滋潤なるは則ち血気旺《さか》んなり。乾燥なるは則ち血気弱し。折《まが》るは貧。少なき者は夭）。是を以て未だ四十に及ばずして而して髪白きは、是を血衰《けつすい》と謂ふ。乃《すなわ》ち性楽しむと雖《いえど》も命短し。

毛髪硬礫《こうさく》にして蝟毛《いもう》（ケハリムシの毛）の如きは、臣と為《な》り子と為《な》るとも必ずしも忠孝ならず。

訣に曰く、耳辺に鬢無きは心に毒刃を懐《いだ》く。眉散じて額に乱るは、多く災厄を見る。鬢髪粗疎なるは、財食余り無し。鬢髪乾燥は、憂愁老に至る。髪細く潤沢なるは、宜しく官爵を求むべし。黒細糸の如きは、栄貴の資《すがた》なり。鬢髪乱れ層《かさ》なるは、狡詐《こうそ》にして人憎む。髪中赤理《あかすじ》は、必ず兵死を主る。額髪乱垂は母を妨げて宜しからず（髪は血の余り。故に母を見ることを主る）。鬢髪斉《ひと》しからざるは児を剋し妻を害す。

眉を論ず

○夫れ眉《びび》は媚《び》なり。両目の華蓋《かがい》、一面の表儀（上飾り）為《た》り。故に賢愚の弁を主るなり。眉は細平にして而して闊《ひろ》きを欲す。清秀にして而して長きは、性乃《すなわ》ち聡明なり。若《も》し夫れ粗にして而して濃《こま》やかに、逆にして而して乱れ、短ふして而して蹙《ちぢ》むは、性又兇頑《きょうがん》なり。眉長くして眼を過ぐるは富貴。短くして眼を覆はざるは、財乏し。眼を圧《お》すは窮逼《きゅうひつ》す。骨昂《あが》るは気剛なり。卓然として竪《た》つは性豪なり。尾《お》、下に垂るゝは性懦なり。頭《かしら》交はるは、貧《ひん》薄《ぱく》にして兄弟を妨ぐ。毛逆《さか》だつは良ならず、妻子を妨ぐ。眉骨稜起るは兇悪にして多滞なり。眉中黒子は聡明にして而して賢し。眉高く額中に居るは大貴。眉長く白毫を生ずるは多寿。眉上直理《たてすじ》多きは富貴。眉上横理《よこじわ》多きは貧苦。眉中欠け有るは多くは奸計。眉薄ふして無きが如きは多くは狡佞《こうねい》なり。

訣に曰く、眉高く聳え秀でるは、威権あつて禄厚し。眉毛長く垂るゝは高寿疑い無し。眉毛潤沢は官を求むるに獲易《えやす》し。眉交はつて分かたざるは、早歳（若死にのこと）、墳に帰す。眉、角弓（しりあがり）の如きは性善に心雄なり。眉、初月の如きは聡明超越す。重々として糸の如きは貪淫にして宜しからず。彎々として蛾の如きは好色維《こ》れ多し。眉長ふして目を過ぐるは忠直にして禄有り。眉目より短きは、心性の孤独なり。眉頭交斜は、兄弟家を分かつ。眉毛細く起るは、賢ならざれば則ち貴し。眉角鬢《びん》に入るは人と為《な》り聡俊なり。双眉旋毛は、兄弟胞を同じふす（双子のこと）。眉毛婆娑《ばさ》（散る形）たるは、男は少く女は多し。眉覆《ふ》し眉仰ぐは昆弟惘々《もうもう》（あきれること）たり。眉若《も》し高直ならば、身当《まさ》に清職なるべし。眉中紋否《ふさ》がるは、迍邅《ちゅんてん》（不幸せ）常に有り。

詩に曰く、

○眉細く平にして眼を過ぎば、清操秀で群を出づ。更に新月の様の如くなるは名誉四方に聞こゆ。

○眉長ふして両目を過ぎば兄弟須らく五六あるべし。後《しりえ》曲がらば児孫淫す。

中絶《た》へば郷曲《きようきよく》を離れん。

○眉は是れ人倫の紫炁《しき》星、稜高く疎淡にして秀でて兼ねて清し。一生名誉人の上に居る。家に政声有りて官禄栄ふ。

○眉濃く髪厚き人多くは賤。眉逆だち毛粗にして論ずべからず。若《も》し長毫有りて九十を過ぎるとも、愁容蹙短《しゆうようしゆくたん》は田園に乏し。

○眉短きは家に兄弟の真無し。濃長、目を過ぎば四三人。両目を過ぎざるは只二を言ふ。淡薄短散は孤にして苦辛す。

○眉毛濃黒は財産破る。紋両頭を遶《めぐ》つて長く楽しまず（眉頭八字を生じて辛苦常に止まず）。骨高く勢い聳へば異術を好む。身、寿有りと云へども官は寂寞《せきばく》。

○眉後毫長きは寿も亦《ま》た長し。逆生非反は二親亡ぶ。左右の眉尾（眉尻）還《ま》た痣を生ぜば、姦私盗賊、切に須らく防ぐべし。

○眉、旋毛有らば兄弟異り、男、女の眉を帯びて淫色の子。長毫生ずるとき、去り嫌ふこと莫《なか》れ。是は此れ寿を保つこと更に比《たぐい》無し。

○眉後一旋は兄弟二。両旋は知りぬ、君三四有ることを。三旋濃長は四五人。明潤疎無きは六七是《ぜ》なり。

○眉、逆毛生じて少幼にして孤なり。女児此の如きは必ず夫を妨ぐ。両眉相接《まじ》はるは人厄多し。淡薄は散財兄弟は殂《そ》す（死ぬこと）。

○眉骨稜高きは孝心無し。女の眉湾曲にして更に多淫。旋毛生じて眉の頭尾に在らば、他郷《たきよう》に客走して信音少《しんいんまれ》なり。

○眉上の紋、八字の形を生じて知りぬ、君が両妾、平生を悵《うら》むことを。日月高く額上に生ぜば、長寿にして官に進み富んで且つ栄ふ。

保寿官《ほうじゅかん》の図并びに詩二十四首

鬼眉《きび》

眉粗く眼を圧《お》す心善からず。
仮に仁義を施すも暗に毒性なり。
百般の生活、沾染《せんぜん》（身に染まる）無し。
常に窃盗を思ふて平生を過ぐ。

疎散眉《そさんび》

平生財帛、興廃（浮き沈み有る）多し。
我用を虧《か》かざれども亦た余り無し。
外和し内淡にして無けれども有るが如し。
始末虚盈、更に舒《の》びず。

黄薄眉《おうはくび》

眉短く疎散にして目且つ長し。
早年財帛、虚《むな》しく張《は》ること有り。
部位好しと雖《いえど》も発すること久しからず。
神昏《くら》く気濁《にご》つて他郷《たきょう》に喪《ほろ》ぶ。

掃箒眉《そうそうび》

前清く後散じて眉尾粗し。
兄弟情無く心妬忌《とき》（妬む）。
定めて一二有れども後裔《こうえい》（子孫）無し。
老年財帛始めに如《し》かず。

尖刀眉《せんとうび》

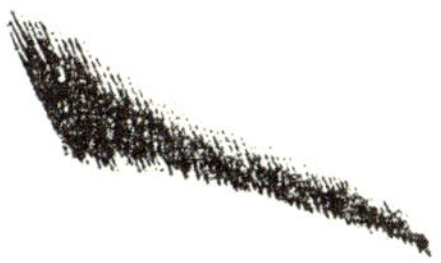

八字眉《はちじび》

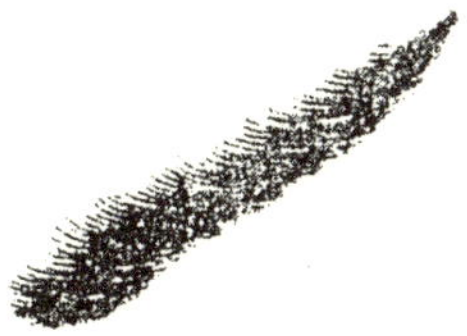

眉粗く悪煞《あくさつ》（悪しく鋭し）心奸険《かんけん》。
人を見て一面に和情を仮《か》る。
梟雄《きょうゆう》に執拘《しゅうこう》して性兇暴なり。
典刑免れず其の名を喪《うしな》ふ。

頭《かしら》疎に尾散して奸星を圧《お》す。
老に到るまで数妻結べども成らず。
財帛は一生我用に足る。
子息は終《つい》に須らく螟蛉《めいれい》（虫の名）を倚《よ》すべし。

羅漢眉《らかんび》

龍眉《りょうび》

此の眉相中太《はなは》だ歓ばず。
妻遅く子晩《おそ》くして早《つと》に艱難《かんなん》。
晩年妾を娶る方《まさ》に一子。
正妻産まず孤単《こたん》（ひとりもの）を主る。

眉秀でて彎々として毫《け》且つ稀なり。
雁行《がんぎょう》（兄弟）六七丹墀《たんち》を拝す。
父母清寿にして皆斉《ひと》しく貴し。
抜萃超群《ばっすいちょうぐん》（人に優れたること）天下に奇なり。

柳葉眉《りゅうようび》

眉粗く濁を帯び濁中清し。
骨肉情疎にして子遅く生ず。
交友忠信にして貴人眄《かえり》みる。
定めて須らく発達して栄名を顕すべし。

剣眉《けんび》

眉山林に聳へ秀でて且つ長し。
威権智識《ちしき》、君王を輔《たす》く。
縦《たと》ひ貧しきも日ならずして清貴を成す。
孫子行々《こうこう》（連なること）後、且つ康《やす》し。

獅子眉《ししび》

前清後疎《ぜんせいこうそ》

眉毫粗濁にして眼より高きを喜《この》む。
此の相須らく当《まさ》に発達すること遅かるべし。
三停獅形像に配することを得て。
富貴栄華老いて更に輝く。

首《かしら》清く尾散して散中清し。
早歳聡明財帛盈《み》つ。
中歳末年名利遂ぐ。
成功顕擢《けんてき》にして門庭を耀《かがや》かす。

軽清眉《けいせいび》

短促秀眉《たんそくしゅうび》

眉秀で彎長にして尾疎を帯ぶ。
飛翔騰踏《ひしょうとうとう》して皇都を拝す。
栄々たる兄弟情皆順《じゅん》なり。
交結相知《こうけつそうち》も亦《ま》た初の似《ごと》し。

秀短の眉寿夭《みじか》からず。
芳を聯《つら》ね桂を攀《よ》ぢて真の英豪。
平生鶏黍《けいしょ》約に違《たが》はず。
忠孝仁廉《れん》子も亦た高し。

旋螺眉《せんらび》

一字眉《いちじび》

旋螺（ホラ貝）の眉世間に稀《まれ》なり。
威権此を得て正に相宜《よろ》し。
平常の人は皆利あらず。
英雄の武職は天機に応ず。

毫《け》清く首尾皆蓋《きぬがさ》の如し。
富貴誇るに堪へたり寿且つ高し
少年発達登科早し。
夫婦眉を斉《ひと》しふして白毫に到る。

臥蚕眉《がさんび》

眉彎《まが》つて秀を帯ぶ心中巧みなり。
宛転《えんてん》たる機関甚《はなは》だ可《か》なる人なり。
早歳鼇頭《ごうとう》宜しく占《し》むべし。
雁《がん》行《ぎよう》猶《なお》恐る相親しまざることを。

新月眉《しんげつび》

眉清く目秀《ひい》づ最も良しと為す。
又眉尾天倉《てんそう》を払ふことを喜《この》む。
棠《とう》棣《てい》怡《い》々《い》として皆富貴。
他年及第して朝堂を拝す。

虎眉《こび》

小掃箒眉《しょうそうさうび》

此の眉粗なりと雖《いえど》も且つ威有り。
平生の膽志施為《たんしせい》すること有り。
富まざれども終に能《よ》く大貴を成す。
遐齢《かれい》（命長し）鶴算《かくさん》にして雁行《がんぎょう》は虧《か》く。

若《も》しくは濃《じょう》若しくは小毫《け》太《はなは》だ粗なり。
斉《ひと》しく天倉《てんそう》を払へども尾又枯《か》る。
兄弟情を背《そむ》いて南北に分つ。
骨肉刑傷無くんばある可《べ》からず。

太短促眉《たいたんそくび》

短秀毫《け》清ふして尾略《ほぼ》黄なり。
眉頭の豎立《じゅりつ》最も良しと為す。
貲財《しざい》来往して居を積み難し。
子儁《しゅん》に妻和して雁侶《がんりょ》強し。

清秀眉《せいしゅうび》

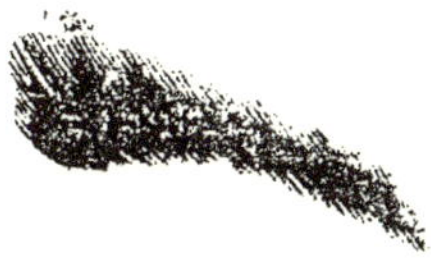

秀彎長順《じゅん》にして天倉《てんそう》を過ぐ。
目を蓋《おお》い鬢《びん》に入りて更に清光。
聡明早歳にして科第《かてい》に登る。
弟恭兄友姓名香ばし。

間断眉《かんだんび》

中断《た》へ眉散じて淡若《も》しくは黄。
兄弟縁無く必ず傷《やぶ》ること有り。
財帛進退興廃多し。
後《のち》には爺《ちち》を損し先には娘を損す。

交加眉《こうかび》

最も此の眉を嫌ふ大凶を主る。
中年末景《ばつけい》牢中に陥《おちい》る。
家を破つて 累《わずらい》 必ず兄弟に及ぶ。
父は西に在り母は東に在り。

目を相するの論

○天地の大なる、日月に託《よ》って以て光を為す。日月は万物の鑑《かがみ》為《た》り。眼は乃《すなわ》ち人の一身の日月為《た》り。左眼を日と為す。父の象《かたち》なり。右眼を月と為す。母の象なり。寝《いぬ》るときは則ち神、心に処《お》る。寤《さ》むるときは則ち神、眼に依《よ》る。是を以て、眼は神、遊息《ゆうそく》を為すの宮なり。眼の善悪を観て、以て神の清濁を見るべし。眼長ふして而して深く光り潤ふは大貴。黒きこと漆を点ずるが如きは聡慧《そうけい》にして文章有り。含神露《あらわ》れず、灼然《しゃくぜん》として光有るは富貴。細ふして而して深きは長寿。然れども性隠僻《いんぺき》。浮んで而して晴を露すは夭死す。大いにして而して凸《なかだか》に、円《まど》かにして而して怒るは寿を促《ちぢ》む。凸暴《てつぼう》流視（流し目）するは淫盗。眊然《ぼうぜん》として偏視するは正しからざるの人。赤縷《あかすじ》晴を貫くは悪死す。視ること定まって怯《つたな》からざるは、其の神壮《さか》んなり。羊眼の者は孤にして而して狼《みだ》りに、馬眼の者は毒にして而して嫉《ねた》む。短小なるは愚賤。卓起するは性急なり。眼下臥蚕《がさん》あるは、貴子を生む。婦人の眼黒白分明なるは尊重。眼下赤色なるは産厄を憂ふ（男は官災を主る）。偸視《とうし》するは淫蕩。神定まつて流れざるは福全し。大抵《たいてい》眼は怒るを欲せず。縷《すじ》は赤きを欲せず。白《しろたま》は多きを欲せず。黒《くろたま》は少なきを欲せず。勢ひ竪《た》つことを欲せず。視ること偏《よ》るを欲せず。神は困《くる》しむを欲せず。眩反《まぶたかえ》るを欲せず。光り流《なが》るゝを欲せず。其れ或は円《まど》かにして而して小さく、短ふして而して深きは、不善の相なり。眼下両眶《きょう》（まぶた）の間を子孫宮と名づく。豊満にして而して失陥せざることを欲す。暗昧《あんまい》なるが如きは、乃《すなわ》ち徳を破るの人なり。

神眼を主る七相有り　達磨（姓は刹帝利《せっていり》。南天竺香至《こうし》王第三の子なり）

○秀でて而して正しく（秀とは其の光を論ず。正とは其の体を論ず）
○細ふして而して長く（細ふして而して長からざれば小巧の人。長ふして而して細からざ

れば則ち悪しし）

〇定まつて而して出づ（定まるときは則ち露れず。若し出でざるときは則ち愚人なり。出づるとは神の出づるを謂ふ）

〇出でて而して入る（出づるときは則ち神有り。然れども入らざるときは則ち蕩子なり）

〇上下白からず（上白きは多くは必ず奸。下白きは多くは必ず刑す）

〇視ること久しふして脱せず（神の足るなり）

〇変に遇ふて眊《くら》まず（養《やしな》いあるなり）

同五法　達磨（梁の代来唐。仏法を慧可《えか》に伝え、相法を紫龍洞《しりゆうどう》に伝ふ。後帰天す）

〇交はりを択《えら》ぶこと眼に在り（眼悪しきは、情必ず薄し。之に交はつて害有り）。

〇貴きを問ふこと神に在り（未だ眼、神無くして而して貴く且つ寿なるは有らず）。

〇富を問ふこと鼻に在り（鼻を土と為す。土、金を生ず。故に厚ふして而して豊隆なるは必ず富む)。

○寿を問ふこと神に在り(未だ神不足にして而して寿《いのちなが》く且つ貴きは有らず。縦ひ貴きも亦《ま》た殀《わかじに》す)。

○全きを求むること声に在り(士農工商、声亮《ほが》らかなるは必ず成る。亮らかならざれば終りなし)。

上相は此の五法を出でず。口、耳、眉、額、手、足、背、腹の間に拘はるは、凡庸の相士なり(相は是れ大業なりと雖《いえど》も、其の要、五法に在り。学者茲《ここ》に熟せば、受用終に乏しからず)。

訣に曰く、目秀でて而して長きは、必ず君王に近づく。眼鯽魚《せきぎょ》に似たるは、家を破つて躊躇《ちゅうちょ》す。目大いにして而して光るは、多く田庄に進む。目頭破欠(傷あること)は家財歇滅《けつめつ》す。目、四白を露すは、陣《じん》亡び身礫《さ》かる。目、鳳鸞《ほうらん》の如きは、必ず是れ高官ならん。目、三角有るは其人必ず悪《あ》しし。目、正しく眉長きは、愈々《いよいよ》田庄を益す。目睛凸《なかだか》なるが如きは、必ず定めて夭折す。赤脈《しやくみやく》瞳を侵せば、官災重々たり。目赤く睛黄なるは、必ず夭亡を主る。目長きこと一寸なるは、必ず明君を佐《たす》く。目烈しく威有るは、万人帰依す。目、羊目の如きは、骨肉を相刑す。目、蜂目の如きは、悪死して孤独なり。目、蛇睛《じやせい》の如きは、狼毒《ろうどく》にして孤刑す。眼尾相《あい》垂れて、夫妻分離す。紅眼（晧《はく》赤し）金神（睛《せい》黄なり）は六親を認《とど》めず。烏睛《うせい》（黒玉）少ふして而して白睛多きは、囚繋《しゆうけい》とならざれば奔波《ほんぱ》（流浪すること）を主る。

詩に曰く、

眼目身の主為《た》り。

還《また》日月台《うてな》に同じ。

群星天上に列し、

万象鑑中に開く。

秀美は官栄至り、
清長は富貴来る。
若《も》し円《まど》かにして更に露れしめば、
往々に迍災《ちゅんさい》を見る。

○眼は日月の如く分明を要す。鳳目龍睛、切に清きに宜し。最も怕《おそ》る、黄睛と赤脈《しゃくみゃく》とを。一生凶害決して成ること無し。

○浮大羊睛、必ず凶を主る。身孤にして食無く貨財空《むな》し。細深斜視は心腹悪しし。此の如きの人は逢ふべからず。

○眼裡白多き女は夫を剋す。男児此の似《ごと》きは亦た多くは愚なり。更に黄睛と赤脈とを兼ねば、丈夫は病を発し女は姑を妨ぐ。

○眼深く陥《おちい》る女は資糧乏し。泣《なんだ》を帯ぶれば、夫を妨げて子強からず。更に目中塵蒙《じんもう》の現るるを見ば、多くは応《まさ》に貧賤にして他郷《たきょう》に死すべし。

○眼中黒翳《こくよう》は心に奸多し。両眼光って寿顔を保つべし。若《も》し黒睛円《まど》かにして更に大なるを見ば、定めて知る、賢士更に多端（事多きこと）なることを。

○両眼胞中（まぶた）、痣分明、家に食糧有りて僧道は栄ふ。両眉の中正還《ま》た痣を生ぜば、侯伯に封ぜられて位公卿《こうけい》に至る。

○眼下横肉、臥蚕《がさん》起こる。君は知りぬ、遠からずして子嗣《しし》を設くることを。更に紋翳《もんよう》（筋とえくぼ）と瘢痣《はんし》（傷と黒子）を生ぜば、女を剋し児無きこと端的是《ぜ》なり。

○龍眉鳳眼、人中の貴、額、王字を生じて勢ひ封侯《ほうこう》。鶏眼昏暗は終に是れ賊。黒白分明は信義流《つた》ふ。

○両眼光明、是れ貴人。虎観獅視は国将軍。牛眼は睫《まつげ》多く亀眼は濁《にご》る。蛇晴羊眼、隣《となり》を為すこと莫《なか》れ。

○偸眼《ちゅうがん》、人視る、賊兵の子。鼠望猫窺《そぼうびょうき》、亦た此の如し。鷹眼従来、道慈ならず。猿猴の眼は顛狂《てんきょう》して死す。
○左眼小なる人、切に婦を怕《おそ》れよ。慎《つつし》まずんば多く女難を受くること有り。
大小同じからざるは何の招く所ぞ。兄弟生ずる時、父母を異にす。
○妻刑し財破れて貧困を苦しむ。眼尾の紋多く鬢《びん》門に入ればなり。更に両
辺口角、畔を見るに、竪紋黒黶は田園を没す。

魚尾《ぎょび》を相す

詩に曰く、
眼尾魚尾《ぎょび》を生じて、
多財にして必ず栄を主る。
陰陽相対して照らすは、
晩歳《ばんさい》功名を定む。

監《かん》察《さっ》官《かん》の図并びに詩三十九首

龍眼《りゅうがん》

黒白分明精神光る。
波長く眼大いにして威裡《うち》に蔵《かく》る。
此の如きは富貴小《すこ》しばかりに非ず。
官を得て禄を受けて明皇を輔《たす》く。

鳳眼《ほうがん》

鳳眼波長ふして貴きこと自ら成る。
影光り気秀でて双神清し。
聡明智慧功名遂《と》ぐ。
抜萃《ばっすい》超群《ちょうぐん》衆英を圧《お》す。

鳴鳳眼《めいほうがん》

上層（上まぶた）波起こつて亦た分明。
目を視るに瀞々《せいせい》（清く潔し）として晴を露さず。
敢えて中年に取りて而して貴に遇ふ。
宗を栄《さか》やし祖を耀《かがや》かして門庭を改む。

睡鳳眼《すいほうがん》

平々たる瞻《せん》視《し》偏《へん》斜《しゃ》せず。
笑つて和容を帯び秀気華やかなり。
天性人を容れて器量大いなり。
須らく知るべし富貴足《た》つて誇るに堪《た》へたるを。

瑞鳳眼《ずいほうがん》

日月分明両角斉《ひと》し。
二波長く秀でて笑ふこと微々たり。
流れて而して動ぜず神光の色、
翰苑《かんえん》（学問所）の声名鳳池《ほうち》に達す。

鸞眼《らんがん》

準頭《じゅんとう》円大にして眼微長。
歩急に言辞媚びて且つ良し。
身貴く君に近づいて終に大いに用いらる。
何ぞ愁へん雪衣《せつい》の娘《じょう》に似ざることを。

鶴眼《かくがん》

眼秀でて精神黒白清し。
神蔵《かく》れて露《あらわ》れざるは功名を顕《あらわ》す。
昂々《こうこう》たる志気牛斗（星の名）沖《つ》く。
富貴にして須らく爵上卿《しゃくじょうけい》に達すべし。

鶴形眼

上層波秀でて奸星《かんせい》に至る。
黒白分明にして神彩《しんさい》清し。
正しく視て偏《かたよ》ること無く人愛すべし。
高名広大貴ふして而も栄ふ。

孔雀眼《くじやくがん》

眼上に波有りて瞳黒光。
青多く白少なふして鬼強《ききよう》を悪《にく》む。
素廉清潔《それんせいけつ》にして乍緩《さくかん》を嫌ふ。
始末興隆《しまつこうりゆう》姓字《せいじ》揚《あ》がる。

鴛鴦眼《えんおうがん》

眼秀でて睛紅潤にして紗《しや》有り。
瞳円く略《ほぼ》露れて桃花を帯ぶ。
夫妻情順にして又和美。
若《も》し還《かえ》つて富貴ならば恐らくは淫奢《いんしや》ならん。

鵲眼《しやくがん》

雁眼《がんがん》

上に細紋有り秀でて且つ長し。
平生信実にして忠良有り。
少年発達平淡《へいたん》の如し。
終末（晩年）の時更に吉昌なり。

睛黒漆の如く金を帯びて黄なり。
上下の波紋二様に長し。
官に入り相と為《な》つて恭《うやうや》しく且つ譪《つと》む。
連枝《れんし》（兄弟）同気姓名香《こう》ばし。

鵝眼《ががん》

数波の紋秀でて天倉《てんそう》を射る。
物を視ること分明にして神更に長し。
白少なく黒多く心且つ善し。
綿々たる福禄老いて安祥なり。

鴿眼《ごうがん》

鴿眼《ごうがん》睛黄にして小垤《しょうてつ》（少し小高く出ること）円《まど》かなり。
頭《こうべ》を揺《うご》かし膝を擺《うご》かし坐して還《ま》た偏《かたよ》る。
男女に拘わらず多くは淫乱。
実少なく虚多く心湛然《たんぜん》（締まりなし）たり。

鷺鷥眼《ろじがん》

眼黄に身潔ふして塵を占めず。
行けば揺き動けば縮む本天真《もとてんしん》（自然に生まれつくこと）。
肩縮み唇長ふして脚痩細。
縦然《たとい》巨富なるも也《また》貧ならしむ。

燕眼《えんがん》

口小さく唇紅にして更に頭を擺《うご》かす。
眼深ふして黒白分明に収まる。
語準捉《じゅんそく》多ふして而も信《まこと》有り。
機巧《きこう》徒《いたずら》に労して衣食週《あまね》し。

鷓鴣《しゃこ》眼

眼赤く黄にして面紅《あか》きを帯ぶ。
頭を揺《うご》かして征歩《せいほ》す 貌《かたち》瘻《りゅう》に非ず。
小身小耳常に地を看る。
一生終に珍豊《ちんほう》（宝）に足らず。

獅《し》眼《がん》

眼大いに威《いきお》ひ厳にして性略《ほぼ》狂す。
粗眉《そび》此を趁《ふ》んで又端荘《たんそう》。
貪《むさぼ》らず 酷《しいた》げず仁政を施す。
富貴栄華福寿康《やす》し。

象眼《ぞうがん》

上下の波紋秀気多し。
波長く眼細ふして亦た仁和。
時に及んで富貴皆妙と為す。
遐算《かさん》清平楽しんで且つ歌ふ。

虎眼《こがん》

眼大いに晴黄にして淡金の色。
瞳人或は短く時有りて長し。
性剛沈重《ごうちん》にして而も患《うれ》い無し。
富貴年を終ふれども子に傷《やぶれ》有り。

牛眼《ぎゅうがん》

眼大いに晴円《まど》かにして能《よ》く風を見る（瞬きをせざること）。
神強く睫《まつげ》黒ふして気寛雄。
財を興すこと巨万にして差跌《さてつ》（つまづく）無し。
寿算綿長《めんちょう》福禄隆《さか》んなり。

羊眼《ようがん》

黒淡く微黄にして神清からず。
瞳人紗様《さよう》却って昏冥《こんめい》。
祖財縦《たと》い有るとも享《う》くるに縁《よし》無し。
晩歳《ばんさい》中年又且つ刑す。

馬眼《ばがん》

皮寛《ゆる》く三角にして睛睜《せいそう》（瞳）露《あらわ》る。
終日愁い無く涙堂《るいどう》を湿《うるお》す。
面《かお》痩せ肉綳《たる》んで真に嘆くべし。
妻を刑し子を剋して又奔忙《ほんぼう》す。

豬眼《ちょがん》

⿰目白昏《はくくら》く晴露れて黒尤《もつと》も濛《もう》たり（暗し）。
波厚く皮寛《ゆる》くして性暴兇《ぼうきょう》。
富貴にして也刑憲《またけいけん》の罹《うれ》いに遭《あ》ふ（仕置きにあふこと）。
縦《たと》へば十悪の法に帰しても容《ゆる》し難し。

伏犀眼《ふくさいがん》

頭《かしら》円く眼大いにして而眉濃《こま》やかなり。
耳内毫長ふして体厚く豊かなり。
此の目の人は総《すべ》て台鼎《たいてい》（三公の類）の位。
定めて富貴にして寿《ひさ》しきこと松の如くならしむ。

狼眼《ろうがん》

狼目睛黄にして視ること顛《てん》の若《ごと》し。
人と為《な》り貪鄙《たんび》にして自ら茫然。
愴惶《そうこう》（うろたえること）として錯《あやま》り多く精神乱る。
空懪《くうぼう》狂図《きょうと》にして百年を度《わた》る。

鹿眼《ろくがん》

鹿目青黒にして両波長し。
行歩飛ぶが如く性剛《ごう》ならず。
気を山林に養つて隠処《いんしょ》に沈む。
自然に福禄尋常《よのつね》に異なる。

熊眼《ゆうがん》

熊目晴円《まど》かにして又猪《ちょ》に非ず。
徒然として力勇兇《ゆうきょう》愚《ぐ》逞《たくま》し。
坐伸《ざしん》久しからずして喘息《ぜんそく》急なり。
身敖氏《ごうし》の若く滅ぼして也《また》無《む》なり。

猫眼《びょうがん》

猫目睛黄にして面闊円《まど》かなり。
温純《おんじゅん》たる禀性《ひんせい》（生まれつき）好んで鮮に飽く。
才有り力有り任使《じんし》するに堪へたり。
常に高人一世の憐《あわ》れみを得たり。

猿眼《えんがん》

猿目微黄にして上に向いて開く。
仰いで看《み》心巧《たく》みにして疑猜《ぎさい》有り。
菓《か》を含み子を愛して倶《とも》に霊性。
終に伶人（雇われ）と作《な》る小才に因《よ》る。

猴眼《こうがん》

黒睛昂上《こうじょう》して波紋轟《いよや》かなり。
機関を転動して亦た宜しきこと有り。
比の相若《も》し全くば真の富貴。
好んで菓品（果物）を喰らひ坐して頭《こうべ》低《た》る。

亀眼《きがん》

亀眼晴円にして秀気を蔵《かく》す。
細波の上に数条の紋有り。
康寧福寿衣食豊かなり。
悠遠綿々《ゆうえんめんめん》子孫に及ぼす。

魚眼《きょがん》

晴露《あらわ》れ神昏《くら》ふして水光の若《ごと》し。
晴を定めて遠近視ること汪洋《おうよう》（眼が働かないこと）。
如《も》し此の眼に逢はば皆亡早《ぼうそう》。
百日にして須らく夭殤《ようしょう》（若死）を嘆ずることを驚くべし。

蟹眼《かいがん》

蟹目晴露《あらわ》れて又頑愚《がんぐ》。
生平の賦性《ふせい》江湖を喜《この》む。
児有るとも親養《しんよう》に供《そな》ふることを得ず。
問ふことを休《や》めよ斑衣《はんい》の有と無とを。

蝦眼《かがん》

蝦目躁心（騒がし）にして貌《かたち》卓然《たくぜん》たり。
英風挺々《ていてい》として自ら前に当たる。
火歳（丙丁の歳）に迍邅《ちゅんてん》として水（壬癸の歳）に志を得たり。
晩景栄ふると雖《いえど》も寿延びず。

蛇眼《じやがん》

嘆くに堪へたり人心の毒蛇に似たることを。
晴紅に円く露して紅紗《あかすじ》を帯ぶ。
大奸大詐狼虎の如し。
此の目の人子として爺《ちち》を打つ。

酔眼《すいがん》

紅黄混雑して却《また》光を流す。
酔《すい》の如く癡《ち》（愚か）の如く神昧昂《まいこう》。
女は貪淫《たんいん》を犯し男は必ず夭す。
僧人道士も亦た淫荒《いんこう》なり。

桃花眼《とうかがん》

男女桃花眼宜しからず。
人に逢ふて微笑す水光迤《なな》めなり。
眼湿涙《しゅうるい》を含みて兼ねて斜めに視る。
自《おのずか》ら歓娯《かんご》足りて楽しんで且つ僖《たの》しむ。

陰陽雌雄眼《いんようしゆうがん》

両眼雌雄《しゆう》睛大小。
精神光彩人を視ること斜めなり。
心非に口は是にして誠実無し。
富んで奸謀《かんぼう》を積み詭《あざむ》いて奢《おご》らず。

印堂を相す

○印堂を紫炁星《しきせい》と為す。両眉頭の中間に在り。豊闊平正を要す。両眉舒展《ちょてん》（伸びやか）し、及び蘭台《らんたい》（左の金甲）廷尉《ていい》（右の金甲）の処、相朝することを得るは、方《まさ》に貴相と為す。若《も》し小にして而して傾陥、眉頭交促、及び腮《あぎと》短く髯《ひげ》少なきは、即ち産（産業）を破つて下に習ふことを主る。学問成ること無く、平生孤賤。印堂の中に骨有り、隆々として起るは貴なり。尖り狭きは貧乏なり。印堂眉頭と共に相連《つら》なるは一生貴からず。好人に習はず、祖業を破る。妻子為《な》し難く、又実学無し。碌々の人なり。印堂の中に三紋有り、直ちに下つて川字の如きは憂事多きことを主るなり。

詩に曰く、

印堂を名づけて紫炁星と為す。

両眉頭角寛平を要す。

分明隆起して相雑《まじ》はること無きは、祖業家財作事《さじ》成る。

山根を相す

○山根を月孛星《げつぱいせい》と為す。乃《すなわ》ち鼻梁《びりよう》の上なり。高きに宜しく低折《ていせつ》に宜しからず。若《も》し鼻梁斜曲ならず、平常瑩潤（光潤うこと）なるは、晩年禄有り。男は賢妻を得、女は賢夫を得て、富貴寿考（命長し）を主る。若し是れ肉無きは、人に与《くみ》して足らず。只善心を守るに宜し。与《とも》に交接するに可《よろ》しからず。山根額に連なり鼻梁隆々として而して起こり、額と平なるは、位三公に至ることを主る。山根蹙折（狭く曲がる）し、鼻梁縮小陥折なるは、貧乏にして成す無きことを主る。山根枯暗、鼻梁肉無く、昏暗なるは、人に与して多くは不足なることを主る。山根陥《おちい》らざるは寿を主る。山根斜曲は官災あり。

詩に曰く、
凡《およ》そ人の眼下枯れて肉無きは、
定めて妻児多くは不足なることを主る。
更に山根尖つて亦薄きを見ば、
夫妻面《おもて》に対《むか》つて相泣哭《きゆうこく》す。

鼻を相するの論

○鼻を中岳と為す。其の形、土に属す。一面の表と為《な》して、肺の霊苗《れいびよう》なり。故に肺虚するときは則ち鼻通ず。肺実するときは則ち鼻塞がる。故に鼻の通塞《つうそく》、以て肺の虚実を見るなり。準頭円《じゆんとうまど》かにして、鼻孔昂《あが》らず露れず、又蘭台《らんたい》、廷尉《ていい》の二部相応ずることを得ば、富貴の人なり。年上、寿上の二部、皆鼻に在り。故に寿の長短を主るなり。光潤にして豊かに起こるは、貴からざれば則ち寿福。肉薄く色黒きは、賤しからざれば則ち貧夭。高隆にして梁有るは、寿を主る。豊大にして肉有るは、富を主る。横紋有るは、車馬の傷《やぶ》れを主る。縦理有るは、他子を養ふことを主る。多く黒子を生ずるは迍蹇《ちゅんけん》（悩む）にして病苦有り。懸膽《けんたん》の円《まど》かに、截筒《せっとう》の直きが若きは、富貴。中年必ず発達す。鼻準《びじゅん》円かに勢い印堂を貫くは、此の人美貌の妻あることを主る。

訣に曰く、

準頭《じゅんとう》豊かに大なるは、人に与して害なし。準頭尖り細きは、好んで奸計を為す。鼻、截筒の如きは、衣食豊隆なり。孔仰いで露出するは、寒索夭失す。鼻、鷹嘴《ようし》の如きは、人の脳髄を取る。鼻に三曲あるは、孤独にして屋《いえ》を破る。鼻に三凹有るは、骨肉相拋《なげう》つ。準頭平直は、外の衣食を得ん。準頭豊かに起こるは、富貴比《たぐい》無し。準頭紅を帯びれば、必ず西東に走る。鼻陋《せま》く骨を露す。一生汨没《こつぼつ》す（濁り沈む）。準頭肉を垂るゝは、貪淫にして不足なり。準頭円かに肥るは、食を足し衣を豊かにす。準頭尖り薄きは、孤貧にして削弱なり。鼻天庭《てんてい》に聳へば、四海に名を馳す。鼻梁《りよう》骨無きは、必ず夭寿にして没す。鼻露れて梁を見すは、他郷《たきよう》に客死す。鼻《び》準尖り斜なるは、心事勾加《こうか》す（曲がる）。準頭は常に光潔を欲す。山根は促折（縮み折れる）することを得ず。

詩に曰く、

鼻頭尖り小さき人は貧賤なり。

孔仰いで家に隔宿の糧《かて》（明くる日の蓄え）無し。

又曲つて鷹嘴の様の如きを怕《おそ》る。

一生の奸計良とするに堪えず。

○準頭《じゆんとう》尖り薄きは最も窮波す。

鼻上横紋疾厄多し。
穴を露すは貧を主り、短かきは寿無し。
豊長は寿有りて百年に過ぐ。
○鼻偏左に在れば父先に亡ぶ。
右に在らば須らく知るべし、母亦た傷《やぶ》るゝことを。
両孔大いに露れて財聚《あつ》まらず。
準頭円厚は富んで忠良なり。
○山根青色は災侵すこと有り。
法令《ほうれい》横紋は殺心を好む。
鼻準鉤《かぎ》の如きは心に毒有り。
宜しく垂れて膽《たん》の如きは富年深し。
○四嶽窊低《かてい》にして鼻独り高きは、

財散じて貧寒宿世より招く。
牙歯《げし》結喉《けっこう》鼻孔《びく》露るるは、
必然として餓死すること終朝に在り。
○法令《ほうれい》紋中黶子《ようし》悪《あ》しし。
左辺は父死すれども而も覚ゆること無し。
右辺は母喪《ほろ》ぶ亦是れ然り。
万個の中一錯無し。
○準頭黶あるは陰中に在り。
上下黶を生じて左右同じ。
梁柱黶あらば陰背の上、
見る時敢て道《い》ふに神功有り。

審弁《しんべん》官之図。并に詩二十五首。

懸膽《けんたん》鼻の詩に曰く、
鼻懸膽の如きは身須らく貴かるべし。
土曜（鼻のこと）中に当たつて地を得来る。
若《も》し山根額に連《つら》なつて起るを見れば、
定めて知る栄貴にして三台（官名）に至ることを。

龍鼻

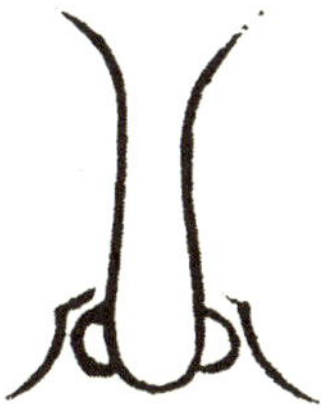

虎鼻《こび》

龍鼻豊隆にして準頭斉《じゅんとうひと》し。
山根直ちに聳へて伏犀《ふくさい》の若《ごと》し。
鼻梁《びりょう》方正にして偏曲無くば、
位至尊に居す九鼎の時。

虎鼻円融（むっくりとしたること）にして孔《あな》を露さず。
蘭台廷尉《らんたいていい》亦た無きが如し。
偏ならず曲ならず山根大なり。
富貴名褒《めいほう》（名高き）世に罕《まれ》なるの夫《ひと》。

獅鼻《しび》

牛鼻

山根年寿略《ほぼ》低平。
準上豊大にして蘭廷《らんてい》称《かな》ふ。
更に獅形を得ば真に富貴。
然らざれば財帛虚盈《きょえい》（浮き沈み）あり。

牛鼻豊斉にして根且つ大いなり。
蘭台廷尉《らんたいていい》更に分明。
年寿高からず又軟らかならず。
富んで金貲《きんし》を積み家道成る。

胡羊鼻《こようび》

胡羊鼻大いに準頭《じゅんとう》豊かなり。
蘭台廷尉《らんたいていい》亦相《あい》同じ。
山根年寿露脊無くんば、
大貴は時に当り富は石崇《せきそう》。

伏犀鼻《ふくさいび》

伏犀鼻は天庭《てんてい》の中を挿《さ》しはさむ。
山根直ちに印堂に上つて隆《さか》んなり。
肉多からず骨露れず。
神清く位《くらい》立て三公に至る。

截筒鼻《せつとうび》

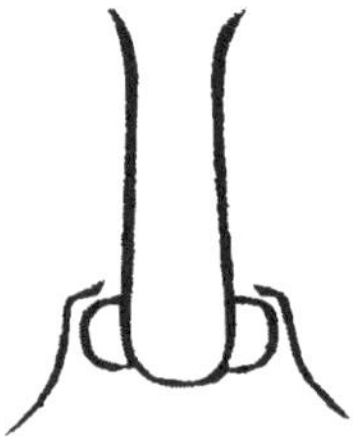

功名富貴は截筒佳《か》なり。
準頭斉直《じゅんとうせいちょく》にして偏斜せず。
山根軟らかならず年寿満つ。
中年発達して大いに家を成す。

盛嚢鼻《せいのうび》

鼻盛嚢の如く蘭廷《らんてい》称《かな》ふ。
両辺の厨竈《ちゅうそう》亦た円斉。
始末貲財《しざい》倶《とも》に太盛なり。
功名必ず定めて朱衣を掛けん。

懸膽鼻《けんたんび》

鼻懸膽の如く準頭《じゅんとう》斉《ひと》し。
山根断へず偏欹《へんき》無し。
蘭台廷尉《らんたいていい》模糊として大いなり。
富貴栄華応《まさ》に壮（中年）にして期すべし。

蒜鼻《さんび》

山根年寿倶《とも》に平小。
蘭台廷尉《らんたいていい》準頭豊かなり。
弟兄情欠くれども心に毒なし。
晩景中年家必ず隆んなり。

孤峯鼻《こほうび》

鼻梁《びりょう》肉無く竈《そう》門開く。
両顴《けん》低小にして鼻崔嵬《さいかい》。
此の鼻大いなりと雖《いえど》も財積無し。
若《も》し僧道と為《な》らば哀を免れん哉《かな》。

狗鼻《くび》

狗鼻年寿骨起つて峰《たか》し。
準頭蘭《じゅんとうらん》尉《い》孔辺は空し。
此の鼻の人義有ることを主る。
惟《ただ》嫌ふ竊取《せっしゅ》して時窮《じきゅう》を済ふことを。

獐鼻《しょうび》

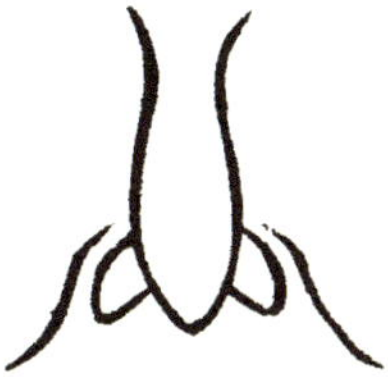

鼻小さく準《じゅん》尖つて厨竈《ちゅうそう》露る。
金甲二櫃《き》肉繃纏《ほうてん》す（たるむが如し）。
徒《いたずら》に遺蔭《いいん》に労して居ながら守り難し。
四覆《ふく》三瓢迍《ぱんちゅん》にして且つ邅《てん》す（悩む）。

猩鼻《しょうび》

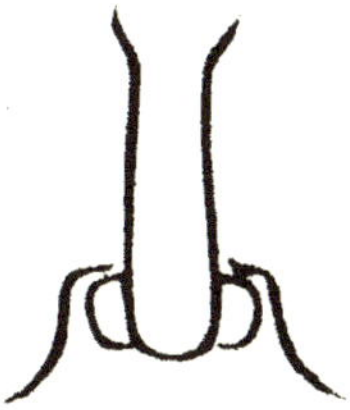

猩々《しょうじょう》の相鼻梁《びりょう》高し。
眉根相応じて髪毛《はつもう》粗なり。
面闊《ひろ》く唇掀《うご》いて広厚。
寛に徳量を懐き貴ふして英豪（人に優るゝこと）なり。

猿鼻《えんび》

鼻竅小《きょうしょう》にして而して口頗《すこぶ》る尖る。
猩狂《しょうきょう》（狂はしく）軽燥《けいそう》（騒がしく）にして尊厳ならず。
性霊に嗔怒《しんど》して憂慮多し。
花果常時に手に拈《と》ることを好む。

猴鼻《こうび》

山根年寿尖つて且つ大いなり。
蘭台廷尉《らんたいていい》分明を要す。
準頭《じゅんとう》豊紅にして孔を露《あらわ》さず。
然《しか》も富貴なりと雖《いえど》も奸情《かんせい》を恐る。

鹿鼻《ろくび》

鹿鼻豊斉にして準上円《まど》かなり。
情寛《かん》に歩急《きゅう》にして慈仁《じじん》全し。
坐起《ざき》に驚疑《きょうぎ》して渾《すべ》て定まること無し。
福禄増添《ぞうてん》は自然を得たり。

鯽魚鼻《せきぎょび》

寿年（寿上と年上）高く起て魚背《ぎょはい》の如く、
山根細小にして準頭《じゅんとう》低し。
骨肉親無し晴白を露せばなり。
一生の衣食は伶仃《れいてい》（雇われ人）を主る

偏凹鼻《へんおうび》

年寿低《た》れ圧《お》して山根小なり。
準頭台尉《じゅんとうたいい》偏斜有り。
此の相中主（三十前後）多くは耗散《ごうさん》す。
夭ならず貧ならざれば疾《や》んで魔を見る。

露竈鼻《ろそうび》

孔《あな》大いに鼻高ふして梁長からず。
須らく知るべし家乏しふして衣糧少きことを。
艱辛孤苦にして多くは労碌《ろうろく》。
末《お》いて他郷《たきょう》に死す実に傷《いた》むべし。

露脊鼻《ろせきび》

鼻痩せて脊《せ》を露す山根小なり。
形容粗俗にして骨神昏《くら》し。
土無ければ万物皆零落《れいらく》す。
縦然《たとい》平穏なるも也《また》貧困なり。

鷹嘴鼻《ようしび》

鼻梁《びりょう》脊を露して準頭《じゅんとう》尖る。
形鷹嘴の如く唇辺を鎖《とざ》す。
蘭台廷尉《らんたいていい》倶《とも》に短縮。
人の心髄を啄《たく》して悪奸偏なり。

劒《けん》峰《ぽう》鼻《び》

鼻梁《びりょう》脊を露して刀背《とうはい》の如く、
準頭《じゅんとう》肉無く竈《そう》門をして寛かなり。
兄弟縁無く子剋し尽くす。
労々碌々孤単を主る。

三《さん》彎《わん》三《さん》曲《きょく》

鼻に三彎有るを反吟と為す。
鼻に三曲有るを伏吟と為す。
反吟相見て是れ絶滅。
伏吟相見て涙淋々《りんりん》（降り注ぐこと）。

耳を論ず

○耳は脳を貫いて而して心胸に通ずることを主る。心《しん》の司《し》と為《し》て腎《じん》の候《こう》（伺ふ処）なり。故に腎気旺《さか》んなるときは則ち清ふして而して聡し。腎気虚するときは則ち昏ふして而して濁る。声誉と性行とを主る所以《ゆえん》なり。厚ふして而して堅く、聳へて而して長きは皆寿相なり。輪郭分明なるは、性聡悟。垂珠、口に朝するは財寿を主る。耳根肉に貼《つ》くは富足《ふうそく》。耳内毛を生ずるは寿相。耳門寛闊《かんかつ》なるは智遠大を主る。耳に黒子有るは聡明を主る。貴子を生む。長ふして而して聳ゆるは位禄。円《まど》かにして厚きは衣食あり。紅潤は官栄を主り、明白は名望を主る。昏暗は疾病、赤黒は貧賤なり。大抵貴人は貴眼有りて貴耳なし。賤人、或は貴耳有りて而して貴眼無し。善く相するは先づ其の形を相し、而して後、其の色を相せば可なり。

訣に曰く、耳薄ふして前に向ふは、田園を売り尽す。反《そ》つて而して偏側《へんそく》するは、居に宅屋無し。左右小大は迍否《ちゅんぴ》妨害す。光明潤沢は、声名遠く擢《ほどこ》す。焦黒塵粗は貧薄愚鹵《ひんぱくぐろ》（役立たず）なり。其の堅きこと木の如きは、老に到るまで哭せず。耳、提起するが如きは、名を人の耳に播《ほどこ》す。両耳肩に垂るゝは、貴きこと言ふべからず。耳白ふして面《おもて》に過るは、名天下に顕《あらわ》る。棋子《きし》（碁石）の耳は成家の計《はかりごと》を立つ。耳黒く飛萃あるは、祖を離れ家を破る。耳薄ふして紙の如きは、夭死すること疑ひ無し。輪郭桃紅《りんかくとうこう》は、性最も玲瓏《れいろう》（心きれいなり）なり。両耳紙の如きは、貧窮にして倚ること無し。形、鼠耳の如きは貧賤にして早く死す。低反、輪無きは祖業塵の如し。耳に垂珠あるは衣食自如たり。耳薄ふして根無きは、必ず天年を夭《みじか》くす。耳門、広闊は聡明豁達なり。耳に城廓有るは福寿安楽。耳の下、骨円きは末《お》いて余銭有り。

耳を相するの篇　許負（前漢の人）

○耳、眉より高きこと一寸、永《なが》く貧困を賤《ふ》まず。耳、目より高きは、他禄（人の師と為るを謂ふなり）を受くべし。耳、輪郭高きは、亦た安楽を主る。耳に刀環（垂珠堅きを謂ふなり）有るは、五等の高官。耳門垂れ厚きは富貴長久す。耳門風を容《い》るゝ（耳、前に向くなり）は、家、貧にして凶多し。目能《よ》く自ら覩《み》るは吉士にして怙《たの》むべし。耳門寛大は聡明自在、耳門薄小は命短かくして食少なし。耳、面より白きは、名、赤県に満つ。耳、獣耳（天輪尖るなり）の如きは、常に居止に労す。耳に毫毛有つて輪郭紅黄なるは、富貴寿考にして兼ねて災殃《さいおう》没《な》し。

詩に曰く、

其一

輪郭分明にして墜珠《ついしゅ》有り。

一生仁義にして徳孤ならず。
両星地を得て文学を招き、
自ら声名有りて帝都に達す。

其二
耳反して輪無きは最も良からず。
又箭羽《せんう》（矢の羽根）の如きは資糧少なし。
命門空小にして人寿無し。
青黒粗皮は異郷に走る。

其三
耳貼肉《ちょうにく》を生じて郭輪成る。

色紅光を発して富栄に属す。
反露《はんろ》薄乾《はくかん》は貧苦の相。
長毫耳より出で寿星なること明らかなり。

其四
前より看るに耳を見る必ず孤貧。
前より見れども看えず富貴の人。
黶《ほくろ》 命門に在りて聾疾《ろうしつ》起こる。
若《も》し寿を損ずるに非ずんば艱辛《かんしん》を受けん。

其五
耳に垂珠有りて肉色光る。

更に来て口に朝す富みて栄昌なり。
上尖るは狼耳心に殺多し。
下尖るは鵩（フクロウ）性又良からず。

採聴官の図。并びに詩十六首。

金耳《きんじ》

眉より高きこと一寸天輪小なり。
耳白く面《おもて》に過ぎて並びに垂珠。
富貴にして名朝野に聞こふ。
只嫌ふ子を損じて末年孤なることを。

木耳《もくじ》

輪飛び郭反《そ》つて六親薄し。
尤《もつと》も恐る貲財の家に足らざることを。
面部若《も》し好くば碌々《ろくろく》として度《わた》る。
然らざれば貧苦定めて虚花。

水耳《すいじ》

火耳《かじ》

水耳厚円高ふして眉を過ぐ。
又貼脳を兼ねて垂珠有り。
硬堅紅潤にして卓立《たくりゅう》する（高く立つ）が如きは、
富貴にして時に当る大丈夫。

此の耳輪尖つて郭且つ反す。
縦《たと》ひ垂珠有るも誇るに足らず。
山根臥蚕《がさん》如《も》し相応せば、
末年無事にして愛弥《いよいよ》加ふ。

土耳《どじ》

棋子耳《きしじ》

土耳堅厚大いにして且つ肥へたり。
紅潤なる姿色正《まさ》に宜しきに堪へたり。
綿長富貴にして六親足る。
鶴髪《かくはつ》童顔《どうがん》輔佐《ほさ》の時。

耳円《まど》かにして輪郭相扶《たす》くることを喜《この》む。
白手にして家を興す貴きこと図るべし。
祖業平常自ら創立す。
中年富貴にして陶朱《とうしゅ》（范蠡）の若《ごと》し。

垂肩耳《すいけんじ》

耳厚く郭豊かにして珠肩に槖《たく》す。
眉を過ぎて潤沢色明鮮。
頭円く額闊《ひろ》ふして形容異なり、
九五の尊身実に賢なり。

貼脳耳《ちょうのうじ》

両耳脳に貼《つ》いて輪郭堅し。
眉より高く眼より高し是れ英賢。
六親崑玉にして皆豪貴。
百世の流芳（名を残す）自然を楽しむ。

虎耳《こじ》

耳小にして輪郭欠破《けっぱ》せず。
面《おもて》に対して見へず尤《もっと》も奇と為す。
此の耳の人多くは険を好む。
亦た能《よ》く貴有り威儀有り。

猪耳《ちょじ》

郭有り輪無し耳厚しと雖《いえど》も、
或は前、或は後、或は珠無し。
縦然《たとい》富貴も何を成してか済《な》さん。
晩景凶多ふして又且つ孤なり。

鼠耳《そじ》

鼠耳低反して根又尖る。
縦然《たとい》目より高くとも此の相嫌ふ。
鼠盗《そとう》狗偸《くちゅう》常に改めず。
末年破敗《はばい》して牢檐《ろうえん》に喪《ほろ》ぶ。

驢耳《ろじ》

輪有り郭有り耳厚しと雖《いえど》も、
只嫌ふ軟弱にして垂珠を欠くことを。
此の耳の人貧苦にして剋す。
末年凶敗して事踟蹰《ちちゅ》す（たちみとる）。

箭羽耳《せんうじ》

此の耳眉より低きこと寸有余。
形箭羽の如くにして垂珠没《な》し。
父母祖財万頃《きょう》なりと雖《いえど》も、
尤《もっと》も能《よ》く破敗《ははい》して四隅に走る。

扇風耳《せんふうじ》

両耳前に向つて且つ兜風《とうふう》（風を入るゝ）、
家財を破り尽して祖宗に及ぼす。
少年福有りて中年に破る。
末景貧苦にして孤窮を受く。

開花耳《かいかじ》

耳郭花を開いて輪下尖る。
縦然《たとい》骨在るも也《また》徒然。
巨万の資財尤《もっと》も破り尽くして、
末年の貧苦前（少年）に如かず。

低反耳《ていはんじ》

耳低《た》れ郭反《そ》つて天輪開く。
年幼孤刑にして且つ財を損す。
応《まさ》に家財有るも也《また》消耗すべし。
他年恐らくは死して人の埋《うず》むこと没《な》し。

人中論

○夫れ人中は一身の溝洫《こういき》の象《かたち》なり。溝洫疏通なるが如きときは則ち水流れて而して壅《ふさ》がらず。如《も》し浅狭にして深からざるときは則ち水壅《ふさ》がって而して流れず。故に人中の長短、寿命の長短を定むべし。人中の広狭男女の多少を断るべし。故に人中は寿命男女の宮と為《す》る所以《ゆえん》なり。是を以て、長きを欲して而して縮むを欲せず。中深ふして而して外闊《ひろ》く直《ただ》しふして而して斜《ななめ》ならず。闊《ひろ》ふして而して下に垂るゝは、皆善相なり。其れ或は細ふして而して狭きは、衣食逼迫。満ちて而して平なるは、迍邅《ちゅんてん》災滞。上狭く下広きは、子孫多し。上広く下狭きは、児息少なし。上下倶《とも》に狭ふして而して中心闊《ひろ》きは子息疾苦にして而して成り難し。上下直しふして而して深きは、子息、堂に満つ。上下平にして而して浅きは、子息生ぜず。深ふして而して長きは長寿。浅ふして而して短きは夭亡す。人中屈曲するは無信の人。

人中端直なるは忠義の士。正しふして而して垂るゝは富寿。蹇《かが》んで而して縮むは夭賤。明らかにして破竹（竹を割る）の如きは、二千石の禄。細ふして懸針の如きは絶子にして貧寒なり。上に黒子あるは多子。下に黒子あるは多女。中に黒子あるは妻を娶ること易ふして而して子養ふことは難し。両黒子あるは双生を主る。横理（横筋）あるは老に至るまで児無し。竪理《しゆり》（縦筋）有るは他子を養ふことを主る。縦《たと》ひ児有るも宿疾を主る。若《も》し人中漫々平にして而して無きが如きは、是を傾陥《けいかん》と謂ふ。老に至るまで嗣《よつぎ》を絶つ。窮苦の相なり。

人中を相するの篇　許負《きよふ》

○人中平長は、老に至つて吉祥、兼《か》ねて年寿有り。更に児郎を益《ま》す。人中広平は子を養へども成らず、即ち生産すと雖《いえど》も常に哭声を聞く。人中短促《たんそく》は子孫足らず。人中長く厚きは寿年必ず久し。人中広く厚きは終に上寿を全ふす。人中両黒痣は双生（双子）的《まさ》に擬すべし。

詩に曰く、

三陰（右の目の下）三陽（左の目の下）と人中と、
男女子孫此宮を主る。
偏左児を剋し右女を剋す。
上下平々たるは子孫空《むな》し。

其の二
人中平々たるは子成らず。
三陽赤色は相争ふことを主る。
黄色は財を得て盗賊無し。

赤黒は妻外奸の情有り。

其の三

人中平に浅短なるは何ぞ堪えん。
信無く児無く見者嫌ふ。
若《も》し直に深長一寸なるを見ば、
定めて知る児女転《うた》た加《くわ》へ添ふることを。

其の四

人中井部紋横生ず。
毎《つね》に船に臨むに到つて程に進むこと莫《なか》れ。
如《も》し暗濛赤黒色有らば、

終に波上に遊んで幽冥に入らん（水死すること）。

唇を論ず

○唇は口の城廓に為《し》て、舌の門戸作《た》り。一開一闔《こう》、栄辱の繫《かか》る所は唇なり。故に厚きを欲して而して薄きを欲せず。稜《かど》あるを欲して而して縮むことを欲せず。唇の色紅にして丹砂の如きは、貴ふして而して福、青ふして藍靛《らんてい》（藍蝋）の如きは、災あつて而して夭す。色昏黒《こんこく》なるは、疾《やまい》に苦しめられて悪死す。色光彩なるは衣食を快楽《けらく》す。色白ふして而して艶《ひか》るは貴妻を招く。色黄にして而して紅なるは貴子を招く。蹇縮《けんしゆく》（つりあがる）なるは夭亡す。薄弱なるは貧賤なり。上唇長きは先づ父を妨《さまた》ぐ。下唇長きは先づ母を妨ぐ。上唇薄きは言語狡詐。下唇薄きは貧賤にして蹇滞《けんたい》（物事が滞る）。上下倶《とも》に厚きは忠信の人。上下倶に薄きは妄語（嘘多し）の漢《ひと》。両唇の上下相覆はざるは貧寒にして偸盗《ちゆうとう》す。上下両《ふた》つながらに相称《あいかな》ふは言語正直。龍唇の者は（海角勢ひ天に朝し、豊厚にして色明鮮なり）富貴。羊唇の者は（唇薄く色白く更に潤沢無し）貧賤。唇、尖撮（とがりつまむ）するは貧死。唇墜下《ついけ》するは孤寒。紋理有るは子孫多く、紋理無きは性孤独。

訣に曰く、唇鶏肝（其《そ》の色青黒）の如きは、老に至るまで貧寒（天折惻《いた》むべし）。唇青白なるが如きは塗陌《とはく》（道辻）に餓死す。唇の色光り紅なるは、求めざれども自ら豊かなり。唇の色淡黒なるは、心に殺毒多し。唇平にして起らざるは、飢餓比莫《たぐいな》し。唇欠けて而して尖るは、下賤にして謙せず。長唇短歯は、長命にして死せず。唇生まれながらにして正しからざるは、言詞定め難し。

唇を相するの篇　許負

○下唇、上唇に過ぎば、夫を妨ぐること的《まさ》に是《こ》れ真なり。上唇、下唇に過ぎば、須らく虚仮《きよか》多き人なるべし。唇紫色は衣食乏《とぼ》し。唇常に赤きは貴客為《た》り。上唇厚きは（乃《すなわ》ち人中なり）命長久なり。女の唇紫なるは夫早く死す。若《も》ししからざれば、則ち首子（総領）を妨ぐ。唇赤ふして丹の如きは師を看ることを要せず（性聡明を主る。文学自ら成る）。唇の上下相覆はざるは常に盗窃《とうせつ》を懐《おも》ふて終身富まず。唇、紋理多きは児の多きこと比《たぐい》無し。

詩に曰く、

試みに看よ食を貪《むさぼ》るは下唇長し。

上下唇正しきは富貴当たる。

此の輩語音兼《か》ねて響喨《きようりよう》ならば、

須らく知るべし、善を好んで文章を集むることを。

唇上の紋多く紅にして花に似たるは、

・一生富貴にして栄華足る。
唇厚きは言少なく薄きの話多し。
此に依つて之を言ふ、定めて差《たが》はず。

口を相するの論

○口は言語の門、飲食の具、万物造化の関為《た》り。又、心の外戸と為《し》て、賞罰の出る所、是非の会する所なり。端厚にして妄誕せざる、之《これ》を口徳と謂ふ。誹謗にして而して多言なる、之を口賊と謂ふ。方闊にして稜有るは貴寿を主る。横闊にして而して厚きは福富を主る。形、角弓の如きは官禄有り。又、四字の如きは富足を主る。正しふして而して偏《かたよ》らず、厚ふして而して薄からざるは、衣食。尖つて而して反り、偏つて而して薄きは寒賤。言《ものい》はざるに口動き馬口の如きは謗毀嫉妬。鼠口は飢餓。狗口は卑下。尖つて火を吹くが如きは孤独。縦紋口に入るは飢餓。口開けて歯露《あらわ》るるは機無し。黒子有るは酒食を主る。唇紫黒なるは食滞り易し。口、一撮（ひとつまみ）するが如きは（乃《すなわ》ち皺紋口）必ず貧薄《ひんぱく》を主る。口能《よ》く拳を容《い》るゝは将相（官名）に出入す。唇は口の城郭為《た》り。舌は口の鋒刃《ほうじん》為《た》り。城郭は厚きを欲し、鋒刃は利《と》きを欲す。厚きときは則ち陥《おちい》らず。利きときは則ち鈍からず。口唇は厚きを欲す。口色は紅を欲す。口徳は端《ただ》しきを欲す。口音は清きを欲す。是れ皆善相なり。若《も》し口大いにして而して角無く舌小にして而して短きは貧賤なり。

訣に曰く、

口、丹を抹するが如きは、飢寒を受けず。口闊《ひろ》ふして而して豊かなるは食禄万鍾、人無きに独り語る。其《そ》の賤しきこと鼠の如し。舌大いに口小さきは貧薄《ひんぱく》折夭す。口、紅珠《こうしゅ》の如きは衣食相宜し。口、砂を撥《はろ》ふが如きは（乃《すなわ》ち硃砂）食禄栄華。口、牛唇の如き（方《けた》に厚き者）は、必ず是れ賢人。特《ひと》り口徳のみに非ず、又且つ性純なり。

口を相するの篇　許負

○口角弓の如きは、位三公に至り、庶人此を得れば、衣食豊隆なり。口、丹を含むが如きは飢寒を受けず。一つには則ち富を主り、二つには則ち官を主る。口、撮聚《さつしゅう》（つまみ集むる）するが如きは人の後に供承《きょうしょう》す。虚しく心情を用ひて其の賤しきこと狗《いぬ》の如し。口、縮嚢《しゅくのう》（袋の口を閉めたること）の如きは餓死して糧無し。縦然《たとい》子有るも必ず別房を主る。口火を吹くが如きは飢寒にして独坐す。口、縮螺《しゅくら》（法螺）の如きは常に独り謳《うた》ふことを楽しむ。両唇鳥口は友と為《な》すべからず。好く説けども真ならず、常に麤醜《そしゅう》（きたなき心）を懐《いだ》く。口赤ふして丹の如きは殷蘭《いんらん》に入らず。若《も》し是れ女子ならば亦《ま》た夫の憐みを得ん。口寛《おお》いに舌博《ひろ》きは必ず好く歌楽《かがく》す。此の如きの人は永く凶悪無し。口開《ひら》け歯出るは当《まさ》に算数を失つて必ず久長ならざるべし。否《しから》ざれば則ち辛苦す。口唇の小理（小皺）、上下相対するは、財を豊かにし禄を足し、終《つい》に妨害無し。口未だ語らざるに、唇将《まさ》に起らん　とす。奸邪心に在りて、常に妬忌《どき》を懐《いだ》く。口、馬口の如きは悷害貪醜《れいがいどんしゅう》なり。縦理口に入るは飢死すること久しからず。口辺紫色は財を貪《むさぼ》つて妨剋す。口中の黒子は食噉《しょくたん》皆美《び》なり。

詩に曰く、

水星地を得て口唇方《けた》なり。
栄貴家を肥やして子息昌《さこ》ふ。
上下各々偏《かたよ》つて稜角薄きは、
言を出して毀謗《きほう》太《はなは》だ防ぎ難し（方口）。

○

口四字を横たへて真誠有り。
両角低垂して説くこと悪声。
唇上紋多くは仔細に相せ。
青白川紋《せんもん》は餓死の卿《けい》。

○

貴人唇紅にして砂を撥《はろ》ふに似たり。
更に四字の如きは栄華足る。
貧賤鼠に似て常に青黒。
田園を破り尽くして家を顧みず（并びに四字口の詩）。

○

口火を吹くが如きは家に子無し。

鼻上三針は義児有り（年寿立紋有るは、必ず他人の子を養ふことを主る）。
舌上常に青きは難産の厄。
同胞の兄弟も也《また》分離す。

○

口火を吹くが如きは児孫少《まれ》なり。
偏左は妻を妨げ婦《おんな》は死迍。
右畔の竪紋田産破る。
黒子唇に当つて薬毒頻《しき》りなり（并びに吹火口の詩）。

出納官の図。并びに詩十六首。

四字口《しじこう》

口角分明にして唇両《ふた》つながら斉《ひと》し。
両頭略《ほぼ》仰いで垂低《すいてい》せず。
聡明にして更に多く才学有り。
富貴にして身須らく紫衣を著《つ》くべし。

方口《ほうこう》

方口斉《せい》唇にして牙を見《あらわ》さず。
唇紅に光潤硃砂に似たり。
笑へども而も歯は露れず歯且つ白し。
定めて知る富貴にして栄華を享《う》くることを。

仰月口《ぎょうげつこう》　即ち新月口

口仰月の如く上朝して彎す（上へ反ること）。
歯白く唇紅にして丹を抹するに似たり。
満腹の文章声価美なり（名高くなること）。
竟《つい》に能《よ》く富貴にして朝班に列《つら》なる。

彎弓口《わんきゆうこう》　乃ち角弓口

口は彎弓の上弦を張るに似て、
両唇は豊厚丹の鮮やかなるが如し。
神清く気爽やかにして終《つい》に用を為す。
富貴年を終へて福自然。

牛口《ぎゅうこう》

牛口は双唇（上下の唇）厚ふして且つ紅なり。
平生の衣禄更に豊隆。
濁中清を帯びて心霊巧。
富貴康寧《こうねい》寿松の如し。

龍口《りようこう》

龍口両唇豊かにして且つ斉《ひと》し。
光明なる両角更に清奇《せいき》。
呼聚喝散《こしゆうかつさん》権変に通ず。
玉帯腰を囲んで世に罕稀《かんき》なり（稀なり）。

虎口《ここう》

虎口闊大《かつだい》にして収拾有り。
須らく知る、此の口必ず拳を容《い》るゝことを。
縦然《たとい》貴からざるも且つ大富なり。
積玉堆金自然を楽しむ。

羊口《ようこう》

羊口鬚《ひげ》無くして長く且つ尖る。
両唇太《はなは》だ薄ふして人の嫌ふことを得。
唇尖つて物を食すこと狗様の如し。
賤ふして且つ貧し迍《ちゅん》にして又邅《てん》す。

猪口《ちょこう》

猪口上唇長ふして且つ闊《ひろ》し。
下唇尖り小にして角涎流る。
人を誘《あざむ》き訕謗《せんぼう》（侮りそしる）にして心奸険《かんけん》。
途中に落在して半路（中年のこと）に休す。

猴口《こうこう》

猴口両唇又長きを喜《この》む。
人中の破竹更に良しとす。
平生の衣禄皆栄足。
鶴算亀齢福寿康《やす》し。

鮎魚口《せんぎょこう》

鮎魚口闊《ひろ》ふして角肉尖る。
梟薄《きょうはく》なる双唇又円を欠く。
此の如きの人貧賤を主る。
須臾《しゅゆ》に一命黄泉に喪《ほろ》ぶ。

鯽魚口《せきぎょこう》

鯽魚口小にして貧窮を主る。
一生の衣食豊隆ならず。
更に兼ねて気濁り神枯《こ》渋《じゅう》せば、
破《は》敗《はい》飄蓬《ひょうほう》にして運通ぜず。

覆船口《ふくせんこう》

口角渾《すべ》て覆破の船の如し。
両唇片肉色烟聯《えんれん》。
人此の口に逢へば多くは丐《かい》（乞食）を為《な》す。
一生の貧苦言ふに堪へず。

吹火口《すいかこう》

口中火を吹く聞くに収らず。
嘴《くちばし》尖つて衣食苦《ねんごろ》に（苦しんで）強いて求む。
此の口を生成すれば多くは貧夭。
陰下《いんか》須らく破れて且つ休《や》ましむべし。

皺紋口《すうもんこう》

唇上の皺紋哭顔《こくがん》に似たり。
縦然《たとい》寿有るも孤単を主る。
早年安楽にして末年敗る。
若し一子有りとも幽関（早世すること）に属せん。

桜桃口《おうとうこう》

桜桃口唇胭脂《えんし》（べに）に似たり。
牙歯榴《りゅう》の如く密にして且つ宜し。
笑つて含蓮《がんれん》の如く情和暢《わちょう》す。
聡明抜萃《ばっすい》紫袍《しほう》の衣。

歯を論ず

○百骨の精華を構へ、一口の鋒刃《ほうじん》と作《な》り、万物を運化して以て六府を頤《やしな》ふは歯なり。故に方にして而して密に、長ふして而して直きを欲す。多くして而して正しく、白ふして而して瑩《ひか》るを佳《よ》しとすなり。堅牢にして密固なるは長寿。繚乱《りょうらん》として畳生《じょうせい》するは狡横。露出するは暴《にわか》に亡び、疎漏するは貧薄《ひんぱく》なり。短欠なるは愚下。焦枯なるは横夭《おうよう》。語るに歯を露さざるは富貴。壮にして（三十前後で）而して歯落ちるは寿促《ちぢ》む。三十八歯は王侯。三十六歯は卿相《けいしょう》、三十四歯は朝郎の巨福《こふく》。三十二歯は中人福禄。三十歯は平常の人。二十八歯は下貧の 輩《ともがら》。白瑩《はくえい》なるは百《もも》たび謀つて百たび称《かな》ふ。黄色なるは干求阻滞《かんきゅうそたい》す。白玉の如きは高貴。爛銀《らんぎん》の如きは清職。榴子《りゅうし》（ザクロの実）の如きは福禄。剱鋒の如きは貴寿。粳米《こうべい》の如きは高年。黒椹《こくしん》（桑の実）の如きは命短し。上闊《かみひろ》く下《しも》尖り 鋸《のこぎり》を列《つら》ぬるが如きは性粗にして而して肉を食す。

上尖《かみ》り下闊《しもひろ》ふして角《つの》を排《なら》べたるが如きは性鄙《ひ》にして而して菜を食す。羊歯の者は子息顕達し、牛歯の者は自身起栄す。鼠歯《そし》の者は貧夭。犬歯の者は毒忿《ふん》す。

訣に曰く、歯玉を含むが如きは、天の福禄を受く。歯、爛銀の如きは、富貴にして貧しからず。白ふして而して密なるは、宦《かん》に仕へて禍無し。黒ふして而して疎縫《そほう》（歯茎すく）なるは、一生災重《かさ》なる。直ちに長きこと一寸なるは（歯齦《しぎん》深きなり）極貴論じ難し。参差《しんし》（不揃い）として斉《ひと》しからざるは（歯は正しからざるなり）心に詐欺を行ふ。

歯を相するの篇　許負

○歯、玉の白きが如きは、自然に謌楽《からく》す。財食を自ら至つて苦しみ作《な》すことを用いざれ。歯、斬銀の如きは必ず是れ貴人。歯、石榴（ザクロの実）の如きは富貴他より求む。歯、龍歯の如きは須らく貴子を生むべし。歯齦露れ出るは、事毎に漏失す。歯の色黒きは多くは妨剋す。歯縫稀疎たるは、財食余り無し。此の如きの人は、鬼と同居す。歯数三十六、聖貴にして天禄を有《たも》つ。三十向上《きようじよう》なるが若き、富貴にして豪望《ごうもう》足る（大いなる望み叶う）。三十余に満つれば衣食自如《じじよ》たり。三十已下《いか》は漸く飢餓に近し。必ず衣食少なく寿命短促《たんそく》す。

詩に曰く、
歯密《みつ》に方《けた》なるは君子の儒《じゆ》と為す。
分明に小輩（小人と云ふこと）は歯牙疎なり。
色白玉の如く須らく相称《あいかな》ふべし。
年少にして声名帝都に達す。
又曰く、

唇紅《くれない》に歯白きは文章の士。
眼秀で眉高きは是れ貴人。
細小短粗は貧にして且つ夭す。
燈窓《とうそう》に力を費やすとも枉《ま》げて神を労するのみ。

舌を論ず

○夫《そ》れ舌の道為《た》る。内、丹元《たんげん》（心田のこと）の与《ため》に号令を為《な》し、外、重機《ちょうき》の与《ため》に鈴鐸《れいたく》と為《な》る。故に善く霊液を性とするや、則ち神の舎体と為《な》り、密に志慮を伝ふるや、則ち心の舟楫《しゅうしゅう》（舟の舵）と為《な》る。是を以て性命の枢機、一身の得失、托する所有り。是に由って古人其の端醜を評し、其の妄動を誡《いまし》むるなり。故に舌の形は、端《ただ》しふして而して利《と》きを得んと欲す。長ふして而して大なるは上相なり。若《も》し狭ふして而して長きは詐《いつわ》って而して賊《ぞく》す。

鋭くして短きは、迍《ちゅん》にして而して蹇《けん》す（悩む）。大いにして而して薄きは妄謬《もうびょう》多し。小にして而して尖るは貪人《たんじん》（欲深し）とす。引いて鼻頭に至るは位王侯に至る。剛《こわ》きこと熊掌《ゆうしょう》の如きは禄卿相《けいしょう》に至る。色紅にして硃の如きは貴く、色黒ふして鷗《かもめ》の如きは賤《いや》し。色赤ふして血の如きは禄あり。色白ふして灰の如きは貧し。舌上に直理（縦筋）有るは官卿監《けいかん》に至る。舌上に縦紋有るは職館殿《かんでん》に任ぜらる。舌紋理有りて而して繞《めぐ》るは至つて貴し。舌艶《ひかり》吐《は》いて而して口に満つるは、至つて富む。舌上に錦紋有るは朝省《ちょうせい》（天子の役所）に出入す。舌上に黒子あるは言語虚偽す。舌出でて蛇の如きは毒害。舌掘れて断つが如きは蹇滞《けんたい》（不幸せ）。未だ語らずして而して舌先《ま》づ至るは好んで妄談す（嘘を云ふ）。未だ言《ものい》はずして而して舌唇を舐《ねぶ》るは多くは淫逸《いんいつ》す（身持ち悪しきこと）。

訣に曰く、舌短ふして而して大なるは愚鹵《ぐろ》にして懈怠《けだい》す。舌方《けた》にして而して長きは宦《かん》に仕へて吉昌なり。長ふして而して鼻を啄るは輔弼《ほひつ》の位に陞《のぼ》る。舌出でて蛇の如きは毒害にして淫奢《いんしゃ》なり。舌に紋理無きは尋常の士なり。舌の形は方なるを欲し、舌の勢ひは長きを欲す。舌の頭は円きを要し、舌の色は鮮やかなるを要す。

舌を相するの篇　許負

○舌大いに広く方なるは法、公王を主る。舌上長理は三公擬《ぎ》すべし。舌大いに紋理多きは安楽常に已《や》まず。舌鼻頭に至るは必ず封侯《ほうこう》（大名になること）を得ん。舌薄ふして而して小なるは万事虚耗《きょごう》す。舌大いに口小さきは、言ふこと了々たらず（明らかならず）。舌小さく口大なるは言語捷快《しょうかい》なり。舌頭太《はなは》だ粗なるは飢餔《きほ》多きことを主る。舌小にして而して短きは貧賤にして財散す。舌上黒紫は必ず終始無し。口語未だ出でざるに、其の舌先見《あらわ》るは、好んで他の失を説ひて、必ず自ら改変す。舌に支理（枝のある筋）の紋有るは富貴にして必ず群を超ゆ。

詩に曰く、

舌上の繍《しゅう》文は、

奴馬《ぬば》群を成す。

財帛《ざいはく》千万

富貴雲を凌ぐ。

髭髯《しぜん》を論ず

○口の上を禄と為《な》し、下を官と為す。寧《むし》ろ禄有りて而して官無かるべくとも、官有りて而して禄無からしむること莫《なか》れ。禄有りて官無きは富を主る。福有り、寿有り。官有りて禄無きは貧賤、財散じ、人離る。縦《たと》ひ五官有るも、亦《ま》た貧寒を主る。却って寿あり。若《も》し官（口下は髯《ぜん》）禄（口上は髭《し》）双《ふた》つながら全きは、五福倶《とも》に全きの相。鬚拳《なが》く髪捲《ま》くは貧窮の漢と作《な》すべし。則ち弓兵の為《ため》祗候《しこう》す。死亡の相なり。

髭《し》鬚《しゅ》を相す

○髭鬚黒ふして而して清秀なるは、貴ふして富む。滋潤《じじゅん》なるは福を発す。乾燥なるは蹇滞《けんたい》。勁直《けいちょく》なるは性剛にして財を住《とど》めず。柔らかなるは性柔。赤きは孤剋す。

詩に曰く、
捲髪赤鬚《けんぱつせきしゅ》は、
路途に貧困す。
黒ふして而して光沢なるは、

富貴虧《か》くること無し。

頸項《けいこう》を論ず

○上《かみ》一首を扶《たす》くる、之を棟《とう》と謂ふ。下《しも》四体に拠《ていよ》る、之を梁と謂ふ。高然として特《ひと》り立つは項《うなじ》なり。故に直隆光潤なるは大貴。豊円堅実なるは大富。側《そばだ》つて而して小さく、細ふして而して弱きは、棟梁《とうりよう》の材に非ず。肥人の項短きを欲す。痩人《そうじん》の項長きを欲す。此に反するは貧ならざれば則ち夭す。或は太《はなは》だ長ふして鵝《が》の如く、或は太《はなは》だ短ふして豕《いのこ》の如く、或は大いにして桜木の如く、或は小にして酒瓶《しゆべい》の如きは、皆不合《ふごう》の表《ひよう》なり。頸《くび》に結喉《けつこう》有り、肥瘦弁を異にす。痩せて結喉有るは迍邅《ちゆんてん》尚可《か》なり。肥へて結喉あるは多く横禍《おうか》を招く。項後豊かに起るは富厚を主る。皮有りて絛《とう》(糸筋)の如きは上寿を主る。短ふして而して方なるは福禄。細ふして而して長きは貧賤。

頸梟《たわ》んで而して斜曲なるは、性弱にして貧苦。項班《うなじまだら》に而して潔《いさぎよ》からざるは、性鄙《ひ》にして滞り多し。頸の勢前に臨むは性和にして而して吉。頸の勢後《しりえ》に偃《のべふ》すは、性弱にして而して凶。頸立ちて端直なるは性正しふして而して福。薄く側《そばだ》つて馬頸の如きは妨害。円畳にして衣袖の如きは富寿。円粗にして虎頸の如きは、善にして而して福薄し。偏曲にして蛇頸の如きは、貧にして而して淫毒。円長にして鶴頸の如きは清貧。紅肥《こうひ》にして燕頸の如きは高貴。項《うなじ》若《も》し頭に勝《た》えざるは貧下短命。項立ちて面に相応ずるは清貴にして長く吉。

詩に曰く、

肥人の項短く、痩人は長し。
晩歳声名《ばんさいせいめい》四方に播《ほど》こす。
若《も》し此に反せしめば応《まさ》に難を断ずべし。

必然として祖を離れて他郷《たきょう》に走らん。

人の八相を観るの法

一に曰く威《い》（朝霞《ちょうか》の面《おもて》。天日の表《ひょう》）

○尊厳にして畏るべき、之を威と謂ふ。権勢を主るなり。豪鷹《ごうよう》の兎を搏《う》つが如くにして、而して百鳥自《おのずか》ら驚く。怒虎《どこ》の林を出るが如くにして、而して百獣自ら戦《おのの》く。蓋《けだ》し神色厳粛なるは、人の自ら畏《おそ》るゝ所なり。

二に曰く厚《こう》（峩々《がが》たる盤石、深々たる幽谷）

○体貌敦重《とんちょう》なる、之を厚と謂ふ。福禄を主るなり。其の量、滄海《そうかい》（青海原）の闊《ひろ》きが如く、其の器万斛《ばんこく》の船の如く、之を引けども而も来たらず、之を揺《うご》かせども而も動かざるなり。

三に曰く清《せい》（寒潭《かんたん》の秋月、和風の春草）
○清とは精神翹秀《ぎょうしゅう》（高く秀づ）なる、之を清と謂ふ。譬《たと》へば桂林の一枝、崑《こん》山の片玉の如く、洒然《せいぜん》（潔く）として高く秀でて而して塵に染まず、若し或は清にして厚からざれば則ち薄《はく》に近し。

四に曰く古《こ》（面蒙《おもてもう》倶の如く、貌《かたち》喬木《きょうぼく》の如し）
○古とは骨気岩稜なる（鋭く角ある）、之を古と謂ふ。古にして而して清からざるときは則ち俗に近し。

五に曰く孤《こ》（貴賤倶に多し、只陰徳を勉めよ）
○孤とは形骨枯寒《こかん》にして、而して項《うなじ》長く、肩縮《ちぢ》み、脚斜めに、脳偏《かたよ》る。其の坐すること揺《うご》くが如く、其の行くこと攫《かく》するが如し。又、水辺の独鶴、雨中の鷺鷥《ろじ》の如き、具《とも》に生成の孤独なり。

六に曰く薄《はく》（形貌有余、神気不足）

○薄とは体貌劣弱、形軽《かろがろ》しく気怯《よわ》く、色昏《くら》く、面《おもて》暗く、神露《あらわ》れて蔵《かく》れず。一葉の舟の重波の上に泛《うか》ぶが如し。之を見て皆其の微薄《びはく》なることを知るなり。貧下を主る。

七に曰く悪《あく》（人面獣心《じゅうしん》、奸佞殺毒《かんねいさつどく》）

○悪とは体貌兇頑にして而して蛇鼠の形、豺狼《さいろう》の声の如し。或は性暴に神驚き、骨傷《やぶ》れ節破《やぶ》る。皆其の兇亡を主る。終を善くせず、美と為《す》るに足らず。

八に曰く俗《ぞく》（神昧《くら》く気怯《つたな》く形粗《あら》く骨俗し）

○俗とは形貌昏濁《こんだく》にして、塵中の物の如くにして、而して賤俗なり。縦《たと》ひ衣食有るも亦た迚《なや》むこと多し。

八相。并びに六面の図。

威相
石法眼改正圖

厚相

清相

古相

孤相

薄相

悪相

俗相

富相

賓相

貧賤相

孤苦相

壽相

天相
遠塵齋畫

富を相す

○形厚く、神安く、気清く、声暢《のびや》かに、項《うなじ》大いに、額《さか》隆んに、眉潤《うるお》ひ、眼明らかに、耳白く、唇紅に、鼻整ひ、面方《けた》に、背闊《せなかひろ》く、腰正しく、腹垂れ、皮滑《なめ》らかに、手軟らかに、足腴《こ》へ、牛噛《ぎゆうごう》、鶴行《かくぎよう》、皆富相なり。

詩に曰く、五行敦厚《とんこう》、形豊足《ほうそく》、地閣《ちかく》方平にして耳伏し垂る。口、鐘音《しよういん》を帯びて甕中《ようちゆう》に響き、歯榴子《りゆうし》（ザクロの実）の如く項《うなじ》に余皮あり。背《せなか》、三山聳《そび》へて甲を負ふが如く、臍《ほぞ》深く李《すもも》を納《い》れ、腹垂れて箕《み》の如し。三陽臥蚕《がさん》指を伏するが如く、鼻梁《びりよう》平直は楽しんで且つ宜し。虎頭、燕頷、山林秀《ひい》づ。日月珠庭《しゆてい》両眉を抱く。四水流通して相反せず。五山朝拱《ちようきよう》して福遅々《ちち》たり。眉尾欹《そばだ》たず、中岳正し。鼻懸膽《けんたん》の如く鬢毛《びんもう》微なり。四字の口歯平正、牛嚼《しやく》羊呑《てん》悉《ことごと》く儀有り。虎睡龍蟠《こすいりゆうばん》息知れず。眉疎《あら》く彩有り、眼に威を蔵《かく》す。山根断へず、年寿潤ひ、輪郭分明にして貼《じよう》肉平なり。三停端正にして角の如く起り、五岳高隆にして八卦《はつか》盈《み》つ。山移り岳峙《そばだ》つて身躯《しんく》重く、肉滑《なめ》らかに筋《すじ》蔵《かく》れて骨更に清し。始め貧しく終り富む者を識《し》らんと欲せば、満面の塵埃骨法成《な》る。凡《およ》そ五行有れば皆禄有り。只《ただ》豊満に宜しく偏るに宜しからず。天倉《てんそう》隆起して財禄多く、地閣方平にして万頃《こう》の田。背闊《ひろ》く亀の似《ごと》きは還《ま》た貴きを主る。額高ふして鳳の如きは福を主つて賢《けん》なり。鵝行鴨歩《がこうおうほ》身腰厚きは、須らく信ずべし、栄華家世《よよ》に伝はることを。

又曰く（五言、五首）

頭方《かしらけた》に額頤《がくい》端《ただ》し。
神凝《こ》つて体骨寛《ゆた》かなり。
語声深ふして且つ遠きは、
珠玉掌中に看る。

貴骨金櫃《きこつきんき》に連《つら》なり、
豊隆に聳へて更に端《ただ》し。
掌《たなごころ》紅にして血を噀《は》くが如きは、
幃幄《いあく》（とばり）金鑾《きんらん》（黄金鈴）を擁《よう》す。

骨重く皮膚慢《ゆる》やかに、
額《ひたい》隆《さか》んにして地倉《ちそう》に接す。
口牙銀の白きが若きは、
金玉倉箱《そうそう》に満つ。

墻壁《しょうへき》平《たいら》にして砥《と》の如く、

蘭廷《らんてい》闊《ひろ》ふして更に長し。
然りと雖《いえど》も神気濁《にご》らば
其《そ》れ奈《いか》んぞ金嚢《きんのう》を蓄《たくわ》へん。

大抵身形は痩《や》すとも、
声高ふして気韻舒《のびや》かなり。
耳朝して口方正《ほうせい》なるは、
積聚《しゅうせき》して自《おのずか》ら愉如《ゆじょ》たり（楽しむ）。

貴《き》を相す

○詩に曰く、自ら混沌の殻《こく》を鑿開《さくかい》して従《よ》り、二気由《よ》つて来て清濁有り。其の清を孕《はら》めるは聖賢《せいけん》を生じ、其の濁を孕めるは愚朴《ぐぼく》を生ず。貴相の来る固《もと》より一に非ず。或は自ら修し来り、或は神匿《かく》る。星辰謫降《せいしんたくごう》して或は精霊、或は神仙より胎息《たいそく》を仮《か》る。精神澄徹《ちょうてつ》骨隆《さか》んにして清し。剛毅汪洋《こうぎおうよう》（猛くして心ゆったりしたること）誰か識《し》るべき。巉巌《ざんがん》（鋭きこと）たる気宇《きう》旋々《せんせん》として（めぐりめぐる）生ず。行くこと浮雲の若《ごと》く、坐すること石の如し。身小さく声大いに江を隔《へだ》つて聞ゆ。日角龍顔額懸壁《ひたいけんぺき》、目光爛《らん》として曙星《しょせい》を懸くるが若し。鼻梁《びりょう》聳えて天中を貫《つらぬ》いて出《い》づ。背後、語を接《つ》ぐれども身転ぜず。体細やかに面《おもて》粗ふして情性懌《よろこ》ばし。眉細糸《さいし》を掛けて新月分《わか》る。独坐《どくざ》山の如く腰背碩なり。芝蘭《しらん》を帯びざれども身自ら香《かんば》し。下《しも》長く上《かみ》短ふして手膝に垂《た》る。重瞳《どう》二肘の人、会ひ難し。龍顙《りゅうそう》（勢いある額）、鐘声《しょうせい》（大いなる声）、面《おもて》尺に盈つ。糞《ふん》、帯《おび》を畳《たた》むが如く、尿《ゆばり》珠の若し。膚凝脂《はだえぎょうし》に似て目漆《うるし》の如し。身、具の字の如く面《おもて》田の如し。虎驟龍奔《こすうりようほん》自ら瓢逸《ひょういつ》す（翻る）。顴骨《けんこつ》隆平にして玉枕《ぎょくちん》豊かなり。舌、準頭《じゅんとう》に至つて長理有り。相対して咫尺《しせき》なれども耳を見ず。正面《せいめん》（乃《すなわ》ち顴骨なり）巍然《ぎぜん》として指を隠すが如く、口丹《あか》く背《せなか》負《おお》ふて皮燐《ひかり》を生ず。天地相《あい》朝して立骨起り、清中に濁を蔵《かく》して濁中清《きよ》し。足下（足の裏）に毛と黒痣とを兼ねて生ず。龍（肘《かいな》より掌に至る）来つて虎（肩より肘に至る）を呑む。指円長、角骨（日月二角）頂を出でて双耳に聳ゆ。九州相《あい》継いで駅馬《えきば》豊かに辺地《へんち》隆高にして蹇否《けんぴ》（滞ることなし）無し。

又曰く（五言、五首）

骨細やかに皮膚の滑らかなるは、
応《まさ》に知るべし、是れ貴人なることを。
坐するとき神気穏やかなり。
須らく大功臣と作《な》るべし。

坐するとき身形の重きを覚え、
行に臨んで疾《と》きこと飛ぶに似たり。
語声遠所に聞こゆ。
当《まさ》に錦衣《きんい》を被《き》て帰るべし。

声地金玉潤ひ、
議論春風生ず。
兼ねて也《また》形神秀でば、
留めて万古の名を伝ふ。

両眼天倉《てんそう》に朝し、
双眉鬢《びん》に入りて長し。

骨清ふして身聳直《そうちょく》なるは、
早《つと》に朝堂に立つて見る。

古貌清奇怪、
声深ふして骨更に隆《さか》んなり。
州の刺史《しし》為《な》らずんば、
便《すなわ》ち国の三公と作《な》る。

貧賤を相す

○頭《かしら》小さく、額窄《すぼ》く、耳低く、皮粗《あら》く、口尖《とが》り、肉緩《ゆる》やかに、形俗《いや》しく、神怯《つたな》く、気濁《にご》り、声破《やぶ》れ、腰折《お》れ、背《せなか》薄く、脚長く、肩促《ちぢ》み、鼠食蛇《そしょくじゃ》行《ぎょう》、皆、貧賤の相なり。二局の中《うち》、論備《ろんそな》われり。此れ乃《すなわ》ち大概貧賤の人の形を論ずるなり。

詩に曰く、貧賤の人の形貌《かたち》を知らんと欲せば、鼻仰ひで梁無く歯牙《しげ》粗《そ》なり。雀《じゃく》腹《ふく》下《しも》軽《かろ》く空しふして上重《かみ》し。攅眉《さんび》（眉集まり）蹙額《しゅくがく》（額狭し）髪交加《かみこうか》す。背《せなか》陥《おちい》つて坑《あな》を成《な》し、胸骨《むね》を露《あらわ》す。乳細ふして針の如く額削瓜《さくか》（瓜を剝くがごとし）、腰闕《か》けて臀《しり》を露し、眉、眼を圧《お》す。身粗《あら》く黒を蔵《かく》して面《おもて》花の如し。口を開いて言はんと欲すれば涎已《よだれすで》に墜《お》つ。膝拳《かた》く（かどだち）肩卓《たか》ふして歩欹斜《きしゃ》す（歪んで歩く）。口尖り一撮《さつ》して火を吹くが如く、臂《ひじ》を掉《ふ》り頭《こうべ》を揺《うご》かして喜《この》んで嘆嗟《たんさ》す。四水（目、耳、鼻、口のこと）反傾して神困《くる》しむに似たり。三停（上停、中停、下停）長短にして鼻門（鼻の穴）賒《のびや》かなり（締まりなし）。食遅く溷《こん》（ゆばり）速《すみや》かにして屍《かばね》の如く睡《ねむ》り、縦紋《じゅうもん》（法令《ほうれい》）口に入るを螣蛇《とうじゃ》と号《ごう》す。蜂腰《ほうよう》（腰に肉無き者）蠮足《えいそく》（脛《すね》痩せて肉無し）音声乾《かわ》き気短く、来ること肝膽《かんたん》の間よりす。形、体に過ぎ、体、不足。色、其の色に因《よ》る。又、爰《なん》ぞ安からん。準頭《じゅんとう》肉を垂れて頤《おとがい》尖短。寿上懸針《けんしん》口縮彎《しゅくわん》。青藍、面《おもて》に満ちて塵垢《じんあい》を生ず。皮枯柴《こさい》の若く食禄慳《お》しむ。眼堂枯陥《こかん》して奸門《かんもん》聳ゆ。笑語規無く、身に寒を束《つか》ぬ。蛇行雀歩鼠声濁り、蠅面《じょうめん》（小面にして赤黒なり）毬頭《きゅうとう》（頭《かしら》に奇骨無し）、法、奸を主る。口臭く髭を生じて兼ねて地を顧《かえり》みる。勾紋《こうもん》（鉤の如く曲がる筋）眉上切に須らく看るべし。五行正しからず体偏斜、笑語唇蹇《かか》げて歯牙を露す。額小さく頭尖り頤頬窄《いがいすぼ》く面容憔悴して髪交加す。常に悲色（憂ひ顔）を懐《いだ》ひて啼泣《ていきゅう》するが如く、眉頭を鎖蹙《さしゅく》して怨嗟するが若し。此の相定めて知る、終始の薄きことを。仍《よっ》て須らく妨害にして人の家を破るべし。

又曰く（五言、五首）

面細《おもてこま》やかに身体粗なり。
膚《はだえ》乾いて爪更《さら》に枯《か》る。

準頭《じゅんとう》尖つて且つ薄きは、
貧賤夭亡の徒。

墻壁《しょうへき》皆傾倒し、額尖つて地閣無し。
鼻頭仰ひで孔を露す。
那《なん》ぞ安居を得ることを解かん。

耳薄く精神濁る。
顴《けん》（頬骨）高ふして鼠歯尖る。
口を聚《あつ》めて火を吹くが如きは、
貧賤にして人の嫌ふことを得。

口闊《ひろ》ふして収拾《しゅうじゅう》無し。
唇掀《うご》いて定めて家を破る。
下《しも》軽《かろ》く空しふして上重《かみおも》きは、
怎《いか》んぞ栄華を見ることを得ん。

行歩身攲斜《きしゃ》し、
精神酔瘥《すいさ》（酒病）に似たり。
口喎《ゆが》んで言語乱るゝは、
是れ財を積むの家にあらず。

孤苦を相す

○詩に曰く、人生孤独の事、何にか因《よ》れる。頬骨高ふして気和せず。更に兼ねて魚尾《ぎょび》枯れて肉無し。喉結ぼれ眉交じって鼻骨齹《さ》す（音瘥《さ》、歯は、参差《しんし》として整斉ならざるなり。蓋し鼻梁《びりょう》の正しからざる者を謂ふ）。耳薄く輪無くして唇略《りゃく》綽《しゃく》（ほぼ緩し）、涙堂坑陥《こうかん》して反眉峩《そび》ゆ（即ち八字眉）。立理（縦筋）人中応《まさ》に子を剋すべし。山根断折して六親寡《やもめ》なり、行くこと馬驟《ばすう》（馬の駆けること）の如く頭《かしら》先づ進み、食、豬飡《ちょぞん》（豚の食らふ）に似て、淋漓《りんり》（移り箸）すること多し。項短く歯疎《そ》にして顴骨高し。突胸（鳩胸）削額、皮黿《うみがめ》の如し。眉掲《かか》げ稜《かど》を露《あらわ》して羊目狠《みだ》りなり。弔庭《ちょうてい》低窄にして髪生過ぎたり。色、桃花を帯びて仍《なお》立《た》たず。喉音焦細は走って奔波す（流浪すること）。輔骨《ほこつ》、筋《すじ》を露《あらわ》して年上紋なり。準頭《じゅんとう》常に赤ふして汚河《おか》（青洟を垂らす）頻《しき》りなり（常に鼻濁涕《だくてい》を垂るゝ者を謂ふ。小児は嫌はず、大人は好からず）。歩を挙げて脚跟《きゃくごん》（踵）地に至らず。眉短ふして何ぞ曽《かつ》て眼輪（目の上縁）を覆はん。両角（非角、月角）欠陥して足横平。纔髪《ざんぱつ》（髪少なし）渾《すべ》て驚く。弱冠（二十四、五歳）の人、尺陽《せきよう》紋理は卑賤を兼ぬ。

背《せなか》陥《おちい》って坑《あな》を成す。亦《ま》た貧を主る。若し是の時、師をして此の訣（断り）に依《よ》らば、相中十有九人は真。

又曰く（五言、五首）

準《じゅん》頭《とう》赤点多く、
魚尾《ぎょび》乾枯を帯《お》ぶ。
耳反して輪郭無きは、
是れ子を養ふの徒に非ず。

眉上横紋出づ。
眼下涙痕を垂る。
若《も》し貧苦を受くるに非ずんば、

必ず定めて児孫を剋せん。

男面女顔に似、
女面却《かえ》つて男に似たり。
心中淫欲多く、
晩運孤単《こたん》（ひとりもの）を主る。

夫を失ふ三拳面、
児を剋す四白の晴、
男婦総《すべ》て此の如きは、
鰥寡《かんか》（男やもめ、女やもめ）にして伶仃《れいてい》（雇われ人）を主る。

年寿堅紋長し。
人中細理横たはる。
他の児女を養ふに非ずんば、
奈《いかん》ぞ田庄を守ることを得ん。

寿を相す

○詩に曰く、富貴の人に在る、誠に見易し。世に知り難き所は惟《ただ》寿なり。形様を将《もっ》て長短を定むることを休《や》めよ。亀鶴未だ必ずしも其れ然るべからず。神粋骨清く肉又堅し。朗々たる声音谷中に伝ふ。背膊《はいはく》亀の如く行くことも亦た似たり。人中髭満《み》ちて、手、綿の如し。笏紋《こつもん》隠々として書上に朝す（顴勢天を侵す）。法令深寛《ほうれいしんかん》にして地閣円《まど》かなり。鶴形（細く長ふして而して最も位有り）亀息《きそく》（気耳より耳出ず）頭皮厚し。顴勢横しまに飛んで耳と連《つら》なり、毫《け》、耳内に生じて眉毫《びごう》白し。項下双条、或いは骨堅し。陽（骨格）軽浮ならず、陰（血色）膩《じ》せず（上光り）。精実に神霊にして及び眠《ねむ》りを省《はぶ》く。伏犀三路《ふくさいさんろ》天梁を貫き、溝洫《こういき》（乃《すなわ》ち人中は子宮と号《なづ》く）深く平闊にして更に長し。陰隲《いんしつ》（眼下）龍宮《りゅうぐう》潤沢を要す。荊《けい》（右輔）楊《よう》（正額）徐《じょ》（左輔）豫《よ》（中岳）冀《き》（地閣）相当《あい》る。寿上骨有つて隆起するに宜し。固密斉平（固く細かに揃ふ）瓠歯《こしけた》方なり。目に守晴（引き締まること）有りて神隠蔵《いんぞう》す。天庭《てんてい》骨を生じて中央に居す。更に若し天根双腫あらば（脳骨並び起る）、三甲三任老郷に入る（三甲は背亀《せなか》の如し。三任は腹垂れて箕《み》の如し。面上の三甲は鼻梁金甲、面上の三任は山根龍宮なり）。

又曰く（五言、五首）

古貌双眉《そうび》起る。

神清ふして眼更に深し。

此相上寿を期《き》す。
何《なん》ぞ必ずしも三壬を問はん。

肉緩《ゆる》やかに精神爽《さわ》やかに、
亀の如く背脊《はいせき》豊かなり。
双条項下に垂れて、
此の寿椿松《ちんしょう》に比す。

安坐すれば腹嚢《ふくろ》の如し。
唇紅にして口吏に方なり。
気寛《ゆた》かに皮肉厚きは、
福を享《う》けて高堂に坐す。

耳大いにして城廓を分ち、
人中深ふして更に長し。
眉高く毛出でて白きは、
宜しく老人郷に入るべし。

寿堂深きこと一指、
知んぬ是れ老人郷（仙人仲間と云ふこと）なることを。
眉耳毫《け》長く白きは、
閑居百歳長し。

夭を相す

○詩に曰く、人間速《そく》死の期を識《し》らんと欲せば、山根の青気、魂離と号す。

少にして肥へ気短く色浮緊（上光り）、眼、神光泛《うか》び、肉泥《どろ》に似たり。蛇行腰折れて筋寒束（伸びず）。露鼻《ろび》（獅子鼻）、攢眉《さんび》（眉に皺寄せ）、蹙《しゆく》として悲しむが似《ごと》し。中正、毛を生じて眉八字。耳薄く根無く肉且つ低《た》れたり。人中漸《やや》満《み》ちて唇先縮み、志を失つて落々《らくらく》坐立《ざりつ》欹《そばた》つ。晴凸《なかだか》に露《あらわ》れて項《うなじ》折れんと欲す。耳鼻綿《わた》の如く声嘶《いなな》くに似たり。項《うなじ》陥《おちい》り背《せなか》深ふして腰又薄し。辺《へん》地《ち》全く無くして駅馬《えきば》羸《つか》れたり。精神酔はざれども看るに酔ふが如し。鼻毛反出《はんしゆつ》して鬢《びん》毛垂《た》る。眉交はつて印を鎖《とざ》す。妻刑剋す。気冷え形衰へて寿豈《あに》宜しからんや。

又曰く（五言、五首）

気短く兼ねて疎歯。
神迷ふて色烟《けむり》を帯ぶ。

三長更に三短。
那《なん》ぞ長年を有つことを得ん。

肉重く皮膚急なり。
神強けれども気舒《の》びず。
結喉《けっこう》并びに露歯。
夭折《ようせつ》中途に在り。

気短く精神慢《おこた》る。
眉濃《こま》やかにして目色班《まだら》なり。
髪焦《こが》れ唇更に白きは、
日を指して青山を伴ふ。

暗黒雲烟起る。
形虧《か》けて骨隆《さか》んならず。
眼斜《ななめ》にして神更に乱るゝは、
四九（三十六歳）冥空に帰す。

口細《ほそ》ふして胸膈凸《なかだか》に、
頭低《こうべた》れて視《み》ること昂《あが》らず。
肥人如《も》し気促《ちぢ》むは、
妻子空房を守る。

神相全編正義巻中終

神相全編正義　下巻

宋朝　希夷陳図南秘伝
明朝　柳荘袁忠徹訂正
本朝　石龍子法眼改誤
　　　石孝安同校執筆

手を論ず

○夫れ手は其の用は執持《しゅうじ》する所以《ゆえん》、其の情は取捨《しゅしゃ》する所以なり。故に纖長なるは性慈《じ》にして而も施すことを好む。短厚なるは性鄙《ひ》（心卑し）にして而も取ることを好む。手垂《た》れて膝を過ぐるは、蓋し世の英賢。手、腰を過ぎざるは一生貧賤なり。身小にして而して手大なるは、福禄身大いにして而して手小なるは、清貧なり。手薄削《はくさく》なるは貧し。手端厚《たんこう》なるは富む。手粗《そ》硬《こう》なるは下賤。手軟細《なんさい》なるは清貴。手香煖《こうだん》なるは栄華。手臭汚《しゅうお》なるは独《どく》下《げ》。指繊《ほそ》ふして而して長きは聡儁《そうしゅん》（心さとく人に優るゝ）。指短ふして而して窄《すぼ》きは愚賤。指柔らかにして而して密なるは蓄積す。指硬ふして而して疎なるは破敗《ははい》す。指春の笋《たかんな》の如きは清貴。指、鼓の槌《つち》の如きは愚頑《ぐがん》。指円《まど》かにして葱《ひともじ》を剥《は》ぐが如きは食禄。指粗《あら》くして竹節の如きは貧賤。手薄硬《はくこう》にして鶏足の如きは智無くして而して貪し。手掘強《げつきよう》にして猪蹄《ちょてい》の如きは愚《ぐ》鹵《ろ》にして而して賤し。手軟滑《なんかつ》にして錦嚢《きんのう》の如きは至つて富む。手の皮連《つら》なつて鵝足《がそく》（あひるの足）の如きは至つて貴し。掌《たなごころ》長ふして而して厚きは貴し。掌短ふして而して薄きは賤し。掌硬ふして而して円かなるは愚なり。掌軟らかにして而して方なるは福。四畔（手の四隅）豊かに起つて而して中窪《くぼ》きは富有り。四畔肉薄ふして而して中平らかなるは財散ず。掌潤沢なるは富貴。

掌乾枯《かんこ》するは貧窮。掌紅《くれない》にして血を噀《は》くが如きは栄貴。掌黄にして土を払ふが如きは卑賤。青色なるは貧苦。白色なるは寒賤。掌中心《なかご》に当つて黒子を生ずるは、智あつて而して富む。掌中の四畔横理《おうり》（横筋）あるは、愚にして而して貧。縦理《じゆうり》（縦筋）多きは慧性《けいせい》。紋理無きは愚劣。五指の内は立《りゆう》理《り》（縦筋）を要す。五指の背は横紋を要す。倶《とも》に福寿を主る。是れ掌を相する大要なり。

玉掌の図　鬼谷子《きこくし》（姓は王。名は詡《く》。前漢の人。青溪鬼谷に隠る。因て号す）

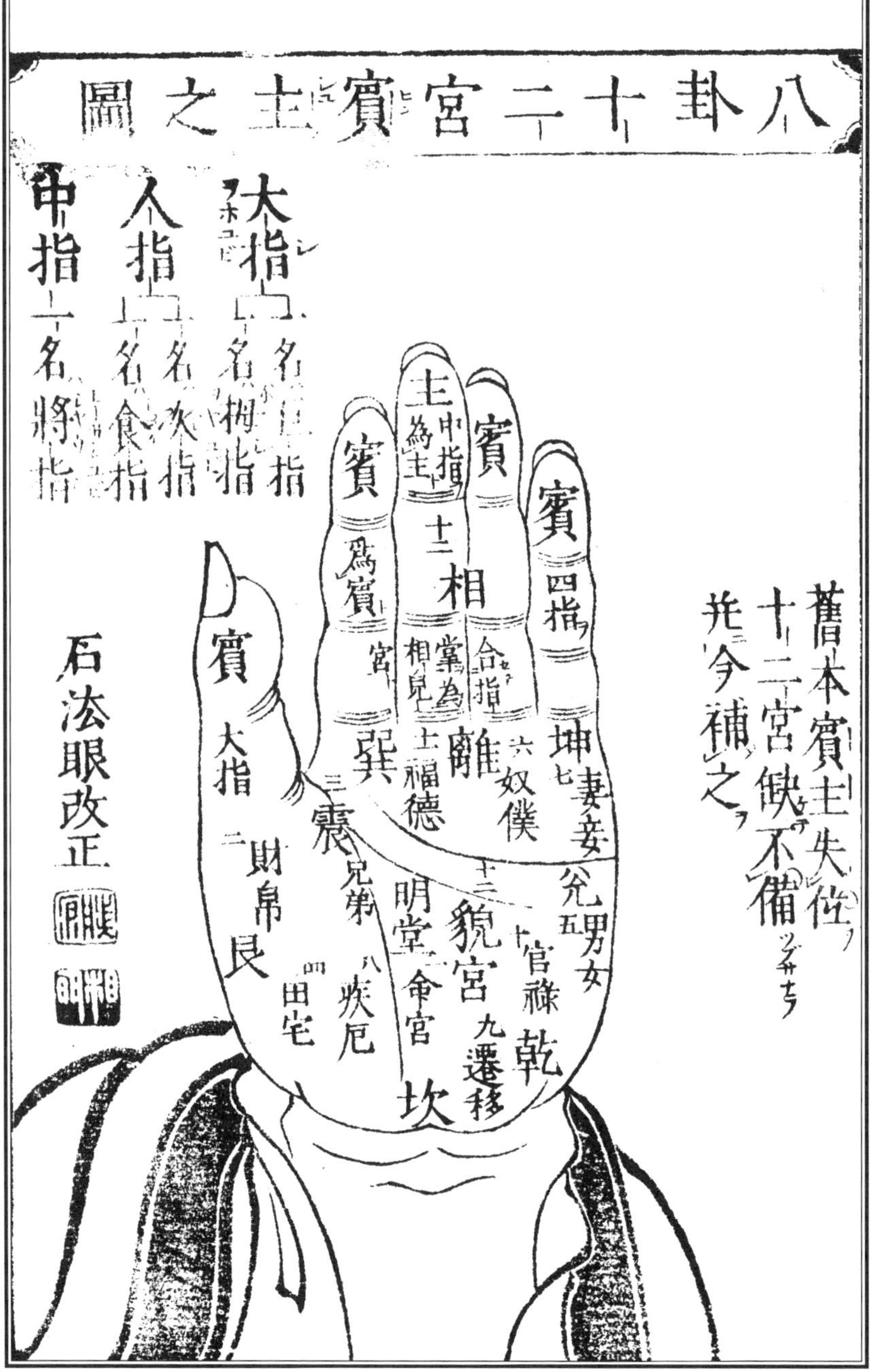
八卦十二宮賓主之圖
大指 一名巨指 一名拇指
人指 一名食指 一名次指
中指 一名將指
舊本賓主失位十二宮缺不備今補之
石洨眼改正
主 中指為主
賓
賓
賓
為賓
十二相
四指
宮
掌為相兒
合指
坤 七 妻妾
離
六 奴僕
巽
十一 福德
三 震 兄弟
大指
二 財帛
艮
明堂
一 命宮
十二 貌宮
兌 五 男女
十 官祿
乾
九 遷移
坎
四 田宅
八 疾厄

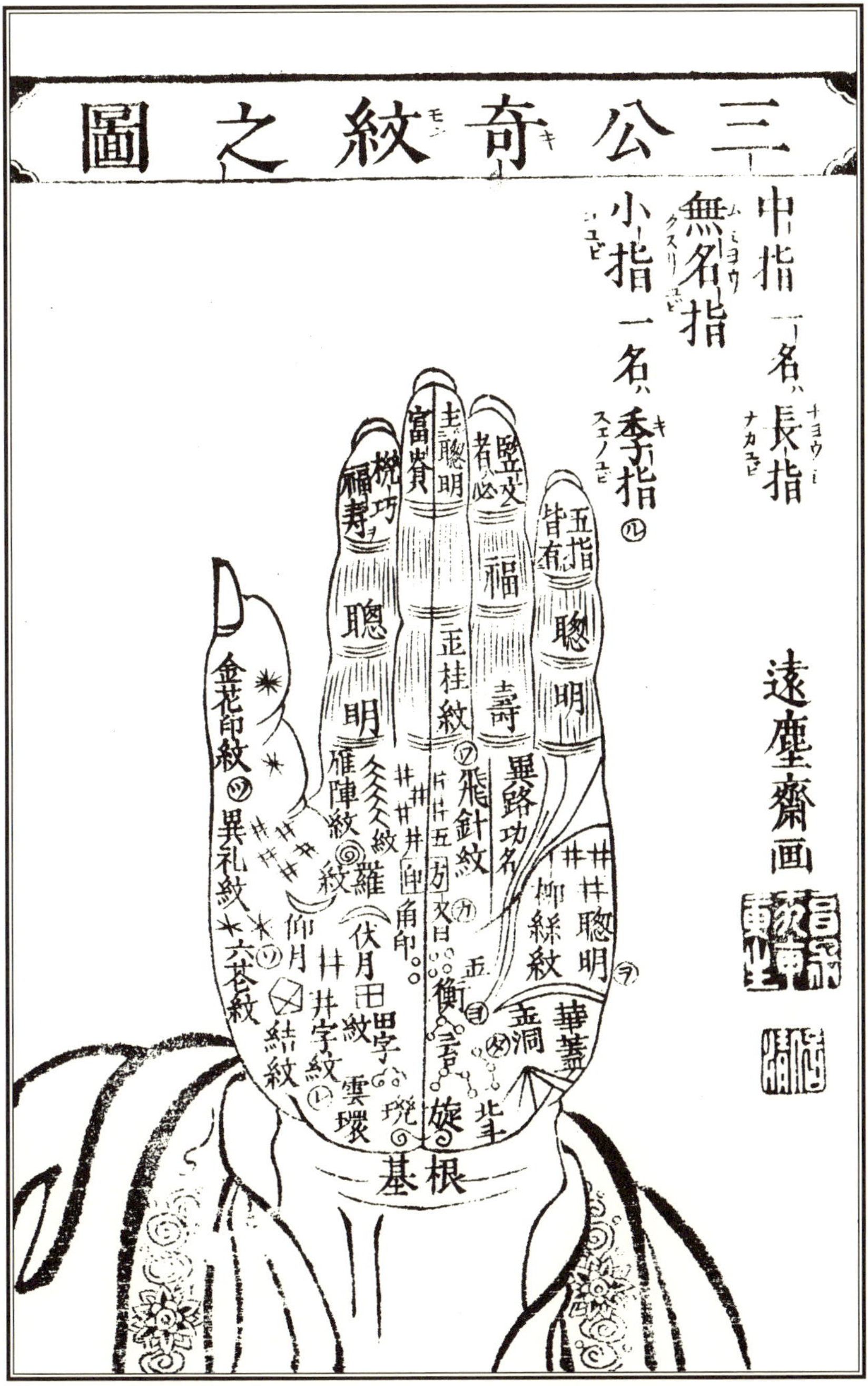
三公奇紋之圖
中指一名ハ長指
無名指
小指一名ハ季指
遠塵齋画
五指皆有
聰明
福
壽
主聰明
富貴
歪桂紋
福寿
金花印紋
異礼紋
六花紋
結紋
雁陣紋
仰月
伏月
井字紋
雲環
飛針紋
異路功名
柳絲紋
華蓋
基根

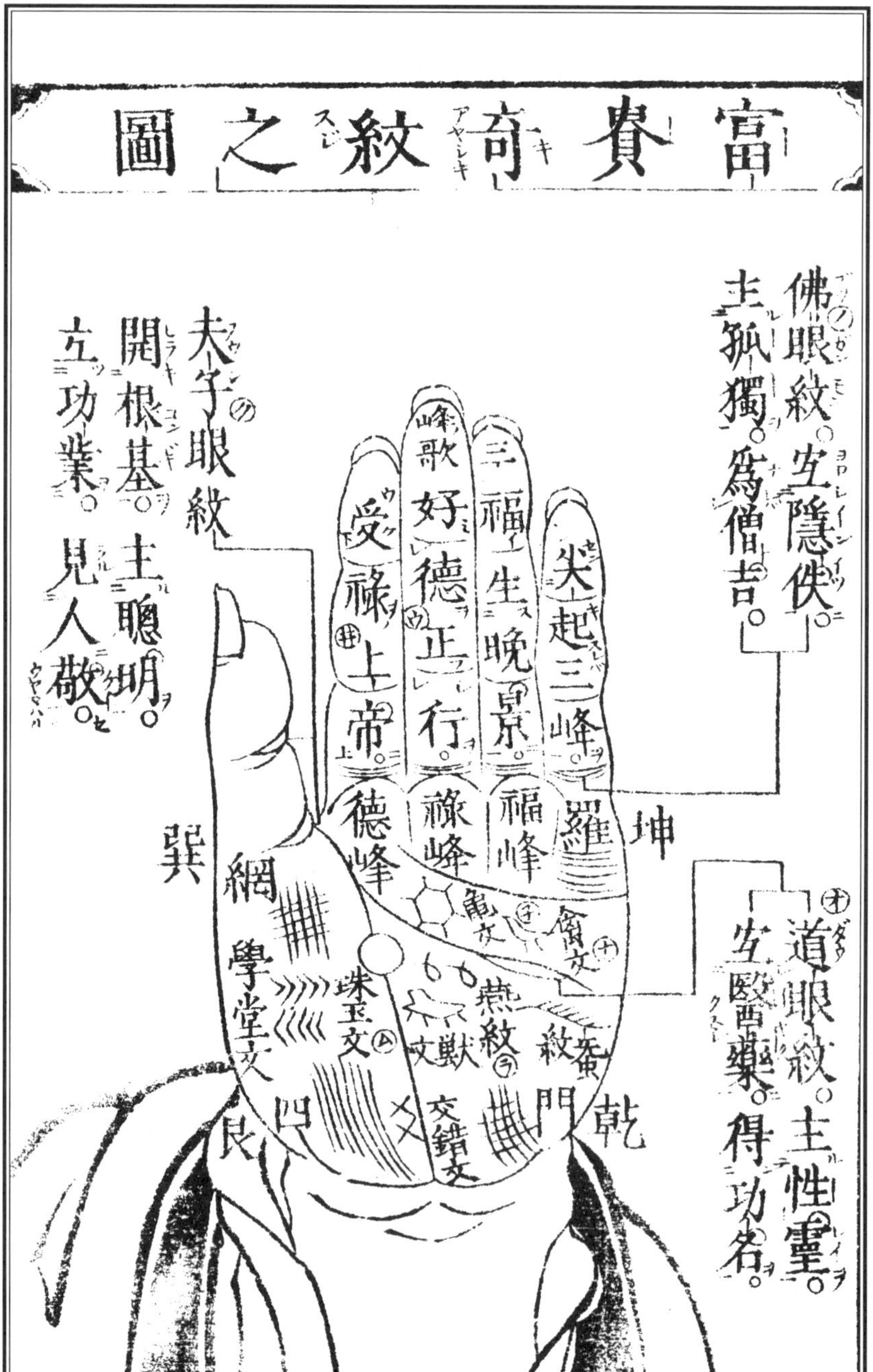
富貴奇紋之圖
佛眼紋。主隱佚。主孤獨。爲僧吉。
太字眼紋
開根基。立功業。
主聰明。見人敬。
道眼紋。主性靈。主醫藥。得功名。
峰歌好德正行
三福生晚景
受祿上帝
尖起三峰
德峰
祿峰
福峰
羅
坤
巽
網
學堂文
朱玉文
龜文
貪文
燕紋
獸文
蠶紋
門
乾
四
艮
文
交錯文

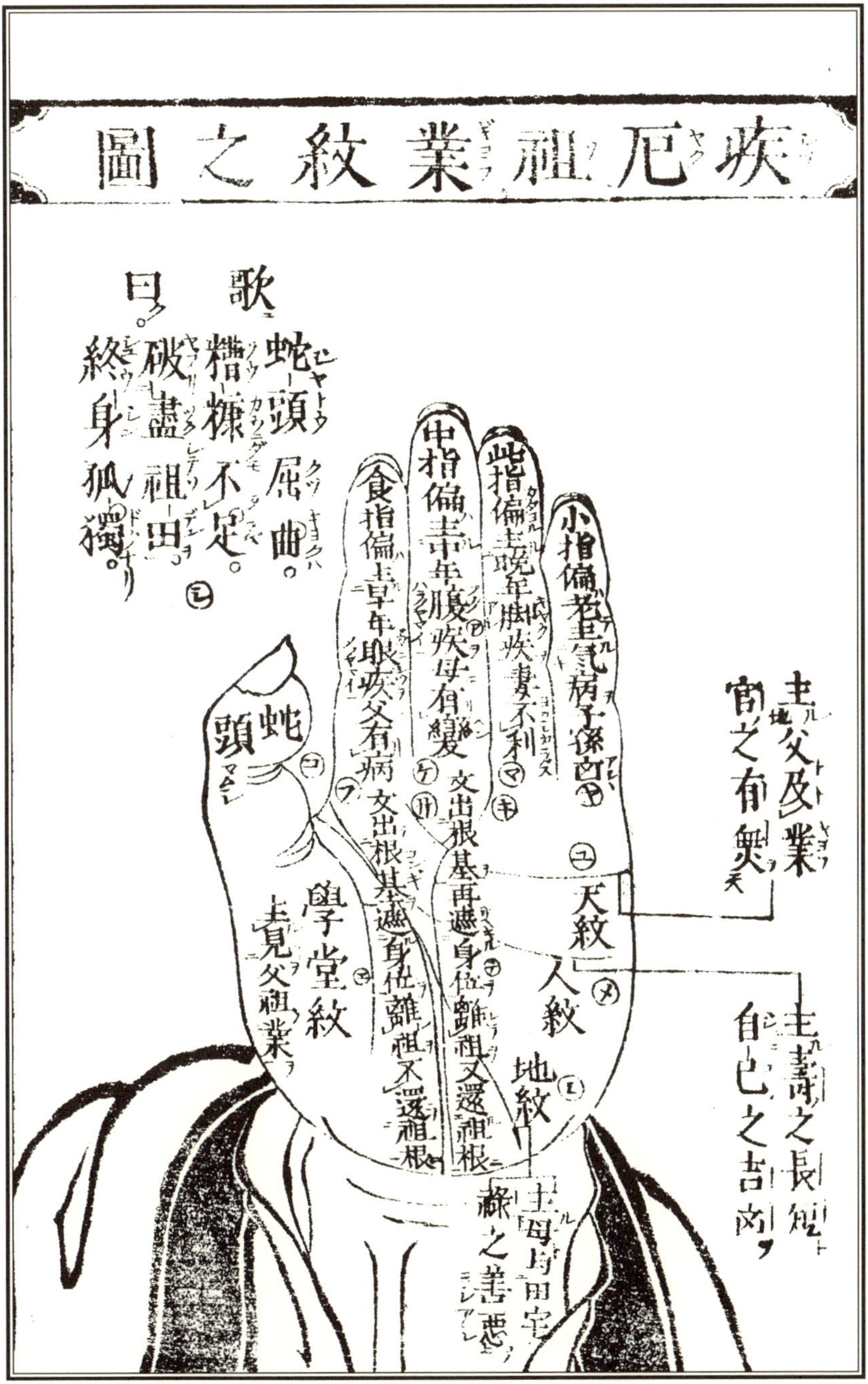
疾厄祖業紋之圖
歌曰。
蛇頭屈曲。糟糠不足。破盡祖田。終身孤獨。
小指偏主老氣病子孫凶
無名指偏主晩年脹疾妻不利
中指偏主中年腹疾母有變
食指偏主早年眼疾父有病
蛇頭
文出根基遮身位離祖不還祖根
文出根基再遮身位離祖又還祖根
學堂紋
主見父祖業
天紋
人紋
地紋
主父母及業官之有無
主壽之長短自己之吉凶
主母身田宅祿之善悪

五行掌相之図

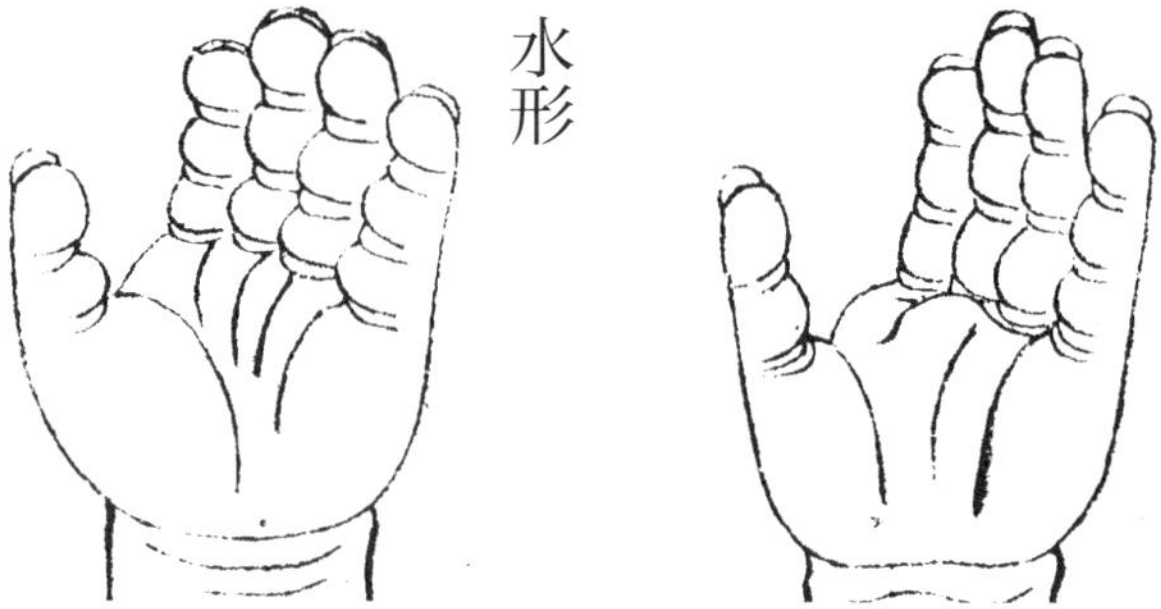

方正《ほうせい》にして掌中美《うるわ》し。

円満《えんまん》にして指頭肥えたり。

木形

火形

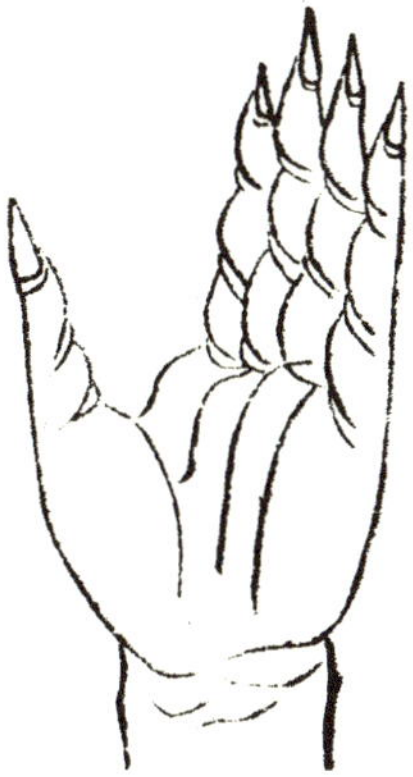

瘦直《そうちょく》にして紋理多し。

尖長《せんちょう》にして掌指峻《するど》し。

土形

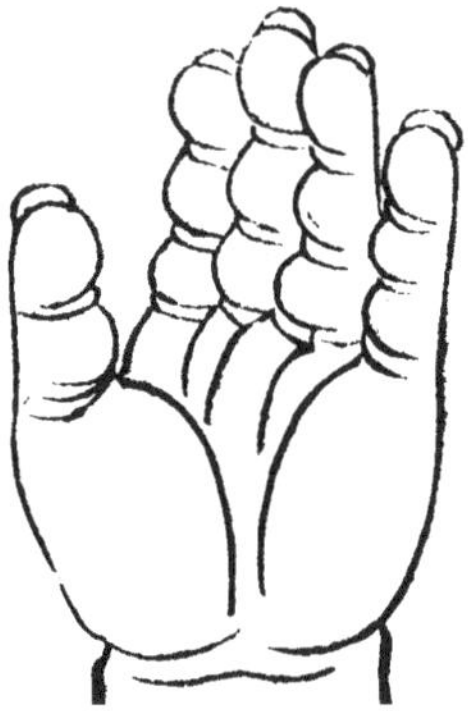

厚豊《こうほう》にして而も肉有り。

掌を相するの訣《けつ》法、詳《つまび》らかに後《しりえ》に載《の》すと雖《いえど》も、先づ五行の形を窮《きわ》めて、而して紋理を論ずべし。是れ体用を定むる所以。則ち手掌を相するの大法なり。

○夫れ人の面部《めんぶ》美《うるわ》しふして而して手相醜《みにく》き者有り。亦《ま》た面部醜ふして而して手相美《うるわ》しき者有り。一例を以て妄《みだ》りに断《だん》ずべからず。故に麻衣老祖曰く、面貌は根本なり。手足は枝幹なり。人を相する然も手を論ずと雖《いえど》も、亦た必ず須らく面部を合わせて之を観るべし。十分にして其の一つをも失はざらんことを。

三才紋　是れ手紋の体なり

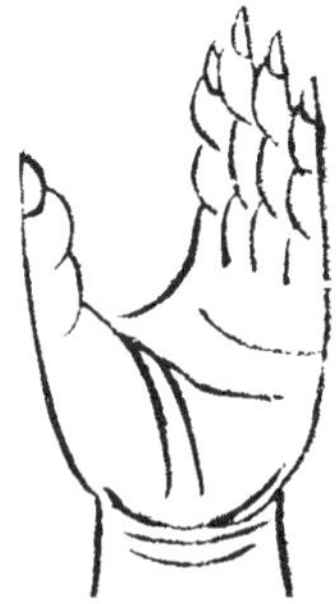

三才紋上分明を得ば、
時運平生自ら栄ふべし。
命と才とを主つて気有るを要す。
一紋沖破《ちゅうは》すれば便《すなわ》ち成ること無し。

三奇紋　己下皆手紋の用なり

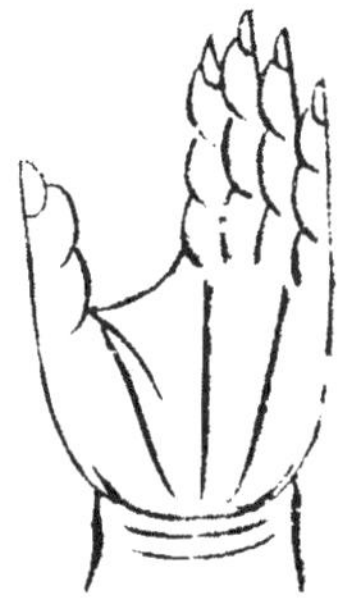

三奇紋無名指（薬指）に現るれば、
一路分かれ開く三個の紋。
生れて霞宮《かきゅう》に在りて並びに内を掌《つかさど》る。
拝相金闕宰官《はいしょうきんけつさいかん》の尊《そん》。

三日紋

三日精栄《せいえい》掌心（手の内）に現すれば、
文章年少にして儒林に冠《かん》たり。
須らく知るべし、月闕《けつ》に高く桂を挙ぐることを。
四海の声名価《あたい》万金。

三峰《さんぼう》紋　紋に非ず肉を論《あげつら》ふ

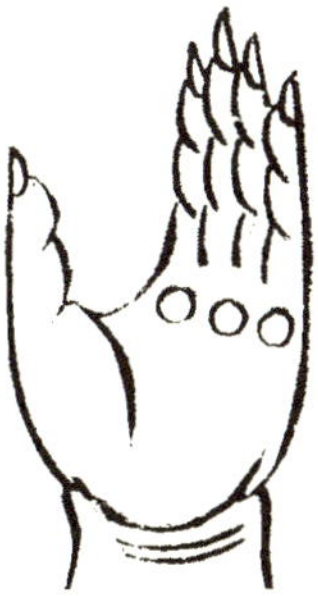

三峰堆《うずたか》く起る巽離坤《そんりこん》、
肉満《み》ち高ふして棗様《そうよう》の円《まど》かなるが如し。
光沢更に紅潤の色を加ふるは、
家中金玉にして良田有り。

川字紋

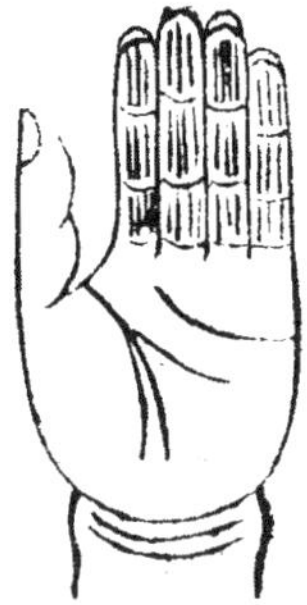

五指倶《とも》に川字紋を生ぜば、
此の人寿を益《ま》して延年《えんねん》を得たり。
男児は籛鏗《せんこう》の老に比《ひ》すべく、
女子は王母仙（西王母）の如きに堪《た》へたり。

四《し》直《ちょく》紋

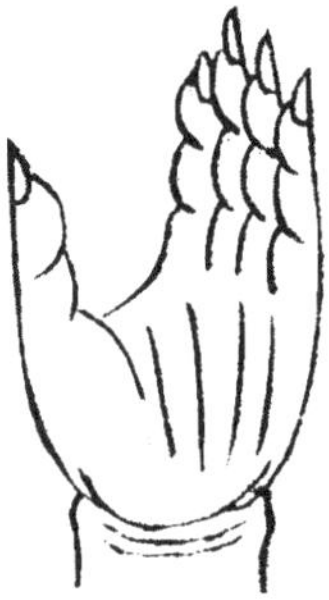

四直（四つの縦筋）名を求むべし。
中年困愁せず。
更に紅潤色に宜し。
一旦《いったん》便《すなわ》ち侯《こう》に封《ほう》ぜらる。

高扶紋《こうふ》

高扶紋無名指に出《い》ず。
胆気《たんき》高強にして並べ比し難し。
手紅に色潤ふ是れ多能。
自ら是れ一生富貴を招く。

折桂紋《せっけい》

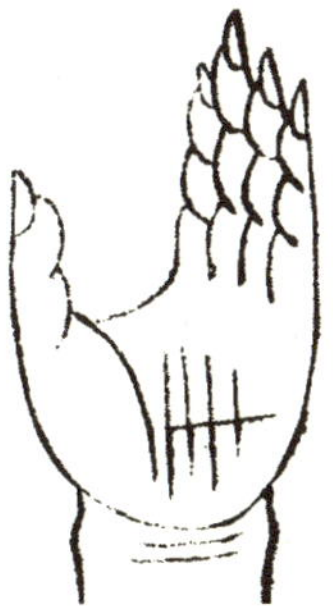

折桂紋名づけて大才有り。
儒人及第して高魁《こうかい》（かしら）を擢《ぬき》んず。
姮娥《こうが》（月中仙女の名）月裡《げつり》頻《しき》りに相約《あいやく》して、
一日雲に登つて桂を攀《よ》じ来る。

玉桂紋　中指の三節を貫く

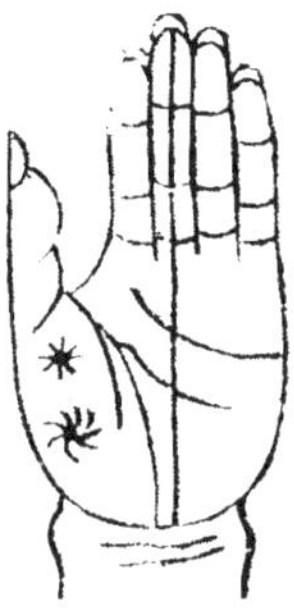

玉桂《ぎょくけい》の紋　掌《たなごころ》より直《ただ》ちに立つ。
人と為《な》り胆智《たんち》必ず聡明なり。
学堂《がくどう》更に紋有りて光顕るゝは、
定むべし、中年公卿と作《な》ることを。

天喜紋　三節を貫かず

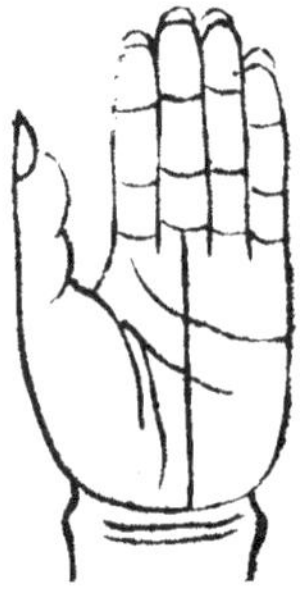

立身天喜《てんき》を帯ぶ。
一生福祉多し。
家旺《さか》んに人楽《たの》しんで安し。
事々皆全美《ぜんび》なり。

天《てん》印《いん》紋

天印紋乾位の部に見《あらわ》るれば、
文章才調《ちょう》自ら栄華。
官と為《な》りては卒《にわか》に天街《てんがい》の上に歩む。
凡庶《はんしょ》は金を堆《うずたか》ふして積んで家に満つ。

帯《たい》印《いん》紋

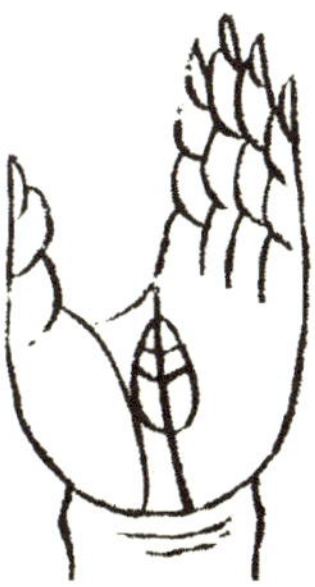

掌上の紋印を帯《お》ぶる形のごとし。
前程《ぜんてい》主に合して功名有り。
言ふこと莫《なか》れ、富貴吾が願《ねが》いに非ず。
自ら清声有りて上卿と作《な》る。

拝相紋《はいしようもん》

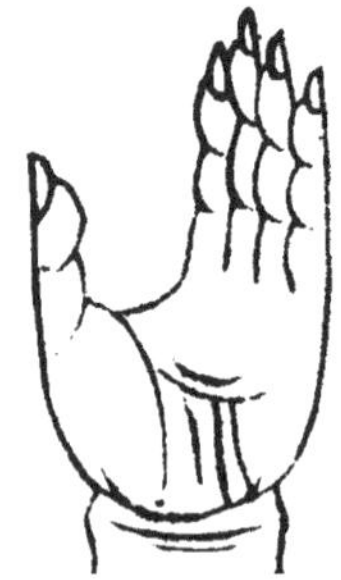

拝相の紋は乾位より尋ぬ。
其の文好《よ》く玉腰《ぎよくよう》（玉の輿）の琴《きん》に似たり。
性情敦厚《とんこう》にして文章異り、
常に君王顧眷《こけん》の深きを得。

兵符紋《へいふもん》

兵符の紋掌の中央に現るれば、
年少にして登科《とうか》仕路《しろ》長し。
節鉞《せつえつ》（まさかりを取ること）定めて権要の職に応《あた》る。
戎《じゆう》辺に威を震《ふる》つて旌鎗《せいそう》（旗と槍）を擁《よう》す。

雁陣紋《がんじんもん》

朝衙《ちようご》の紋は雁排《がんぱい》（雁連なる）の文に類す。
一旦《いつたん》功名姓字《せいじ》揚《あ》がる。
皇都《こうと》に出入して宰相と為《な》る。
帰り来れば身に御炉《ぎよろ》（天子の薫物）の香を帯ぶ。

筆陣紋《ひつじんもん》

筆陣紋生じて陣々《じんじん》として多し。
文章徳行鄒軻《すうか》に勝《まさ》れり。
中年意を得て科第に登る。
福寿疆《かぎ》り無く綺羅《きら》を著《つ》く。

車輪紋《しゃりん》

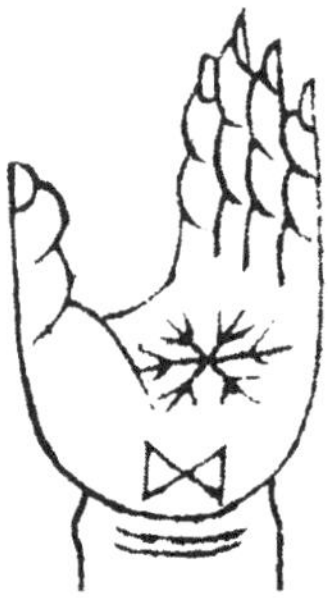

此の紋円満《えんまん》にして車輪に似たり。
必ず是れ皇朝館殿《こうちょうかんでん》の人。
更に叉《さ》文有らば杖鼓《じょうご》（軍師のこと）に名あり。
封じて諸侯と作《な》る百里の臣。

立身紋《りっしん》

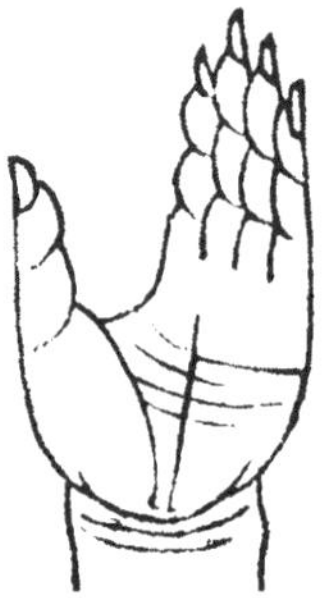

立身紋印掌中に上る。
堂々たる形貌《ぼう》気虹の如し。
他年顕達《けんたつ》して須らく栄貴なるべし。
終に朝中一の宰公《さいこう》（宰相のこと）と作《な》る。

独朝《どくちょう》紋

独朝紋出でて正身の郎（身持ち正しき男）。
若《も》し鞭笏《べんこつ》に逢《あ》はば更に賢良《けんりょう》。
官に因《より》て好く和し難きの事を好《よみ》んず。
必ず定めて中年禄位昇る。

銀《ぎん》河《が》紋

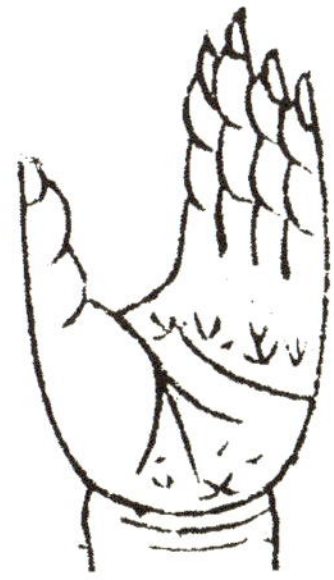

銀河砕《くだ》けて天紋の上に在り。
必ず妻を妨げて再び妻を娶ることを主る。
震坎《しんかん》乱紋沖《むな》しく剋破《こくは》せば、
祖業に宜しからず自ら興基《こうき》す。

宝量紋《ほううんもん》

宝暈の紋二相の形有り。
端《まさ》に水の掌中心に暈《めぐ》るが如し。
環の如きは定めて是れ封侯《ほうこう》の相。
賤様（賤しき者）は須らく穀と金と多かるべし。

千金紋《せんきんもん》　艮宮より出るは是なり

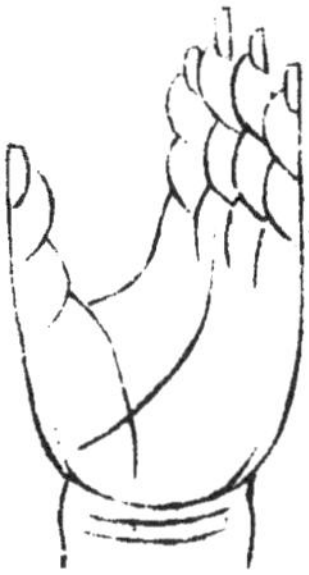

人生若し栄華を問はんと欲せば、
紋千金の似《ごと》く直ちに上り加ふ。
設使《たとい》少年の人も此を得ば、
前程の富貴他に誇るべし。

文理紋《ぶんり》

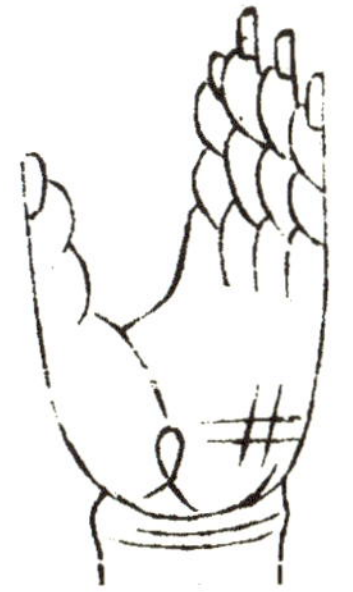

文理魚《うお》の如く坎位《かんい》に蔵《かく》る。
妻饒《ゆた》かに敬愛にして田庄に富む。
何に因てか子官を受け爵《しゃく》を班《わか》つ。
乾宮井字の形を得るに頼《よ》る。

五井《ごせい》紋

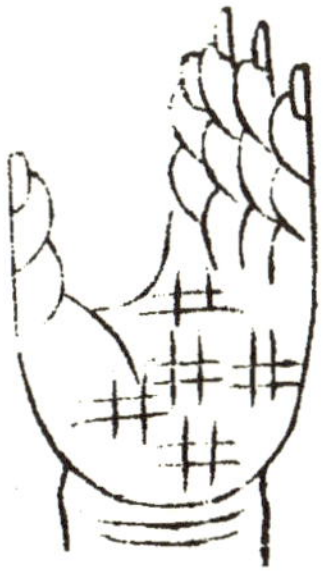

一井紋を福徳の形とす。
二三重井は玉梯の名。
此の人必ず定めて能《よ》く清貴なり。
朝中に出入して聖明を佐《たす》く。

六花《りくか》紋

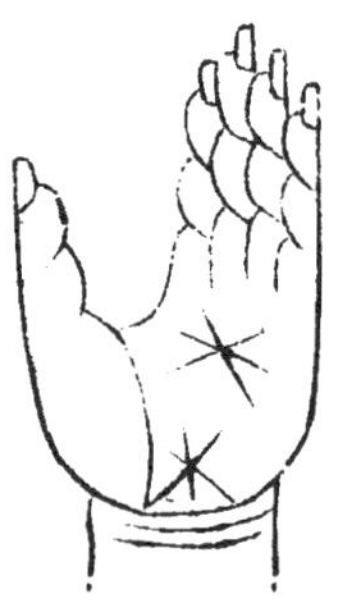

若し人此の六花紋有れば、
他日身雨露《みうろ》の恩《おん》に沾《うるお》ふ。
許すべし、官と為《な》らば須らく侍従（官の名）なるべし。
慶び来つて晩歳《ばんさい》朱門を耀《かがや》かす。

金《きん》花《か》印《いん》紋

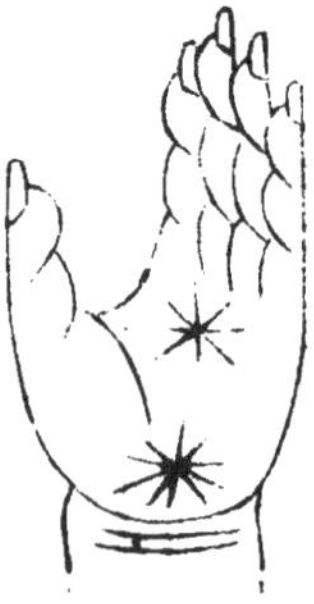

紋金花印を帯びて立身す。
此の生富貴にして貧を憂《うれ》へず。
男児は日を指《さ》して侯伯に封ぜられ、
女子は他年国母《こくぼ》（天子の母上）の人。

美禄紋《びろく》

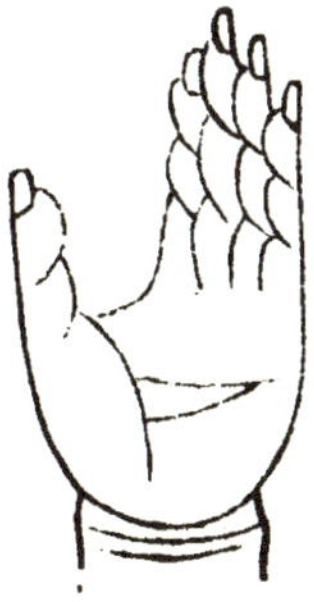

美禄の紋は三角の形の如し。
偏《ひとえ》に三角横生を帯ぶるに宜し。
自然に衣食当《まさ》に豊かに足るべし。
到る処追陪《ついばい》して自ら名有り。

福厚紋《ふくこう》

福厚の紋生じて掌隈《しょうわい》に向ふ。
平生病無く亦た災無し。
貧しきを憐れみ施しを好んで陰徳多く、
必ず年高を主り、又財《ざい》を主る。

異学紋《いがく》

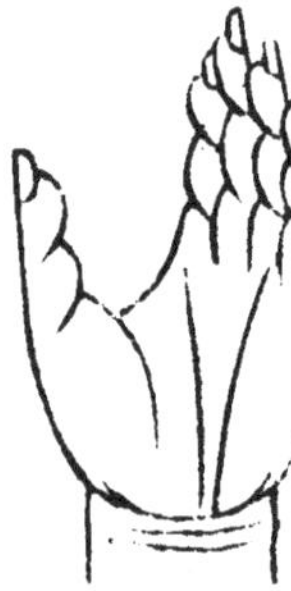

異学の紋須らく異行を招くべし。
声明 長《とこしな》えに貴人の欽を得たり。
僧と為《な》り道と為《な》らば殊号《しゅごう》を増す。
塵俗《じんぞく》は還《また》須らく百万金あるべし。

学堂紋《がくどう》

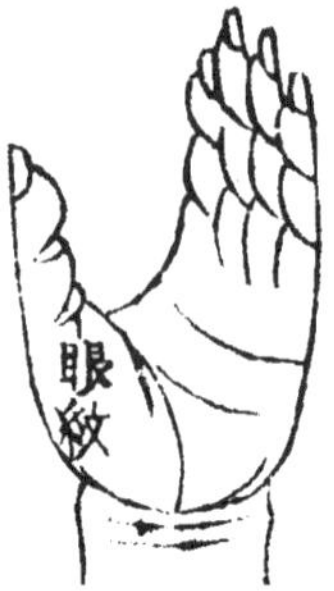

拇指の根に学堂を論ず。
節《ふし》仏眼の如きは文章を主る。
金門の選挙《せんきょ》須らく科甲《かこう》なるべし。
名誉清高にして遠く播揚《はんよう》す。

学堂紋《がくどう》

学堂紋小なるも却相《またあい》宜し。
清貴の中、福の有りて随ふ。
開広なる主人技芸を為《な》す。
大いに是れ事々《じじ》功能《こうのう》為すなり。

智慧《ちえ》紋

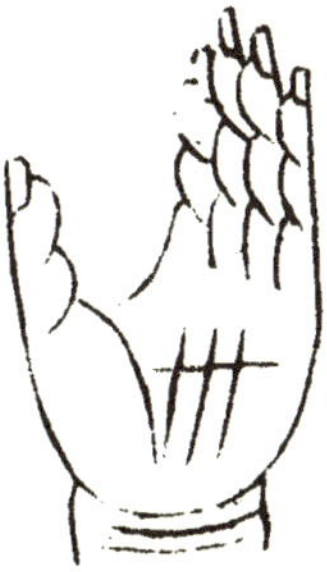

智慧紋名誉遠く揚《あ》ぐ。
其の紋長く直ふして文鎗（彩りある槍）に象《かたど》る。
平生の動作も常に思慮す。
慈善にして兼ねて　横《よこしま》禍殃無し。

小貴紋《しょうき》

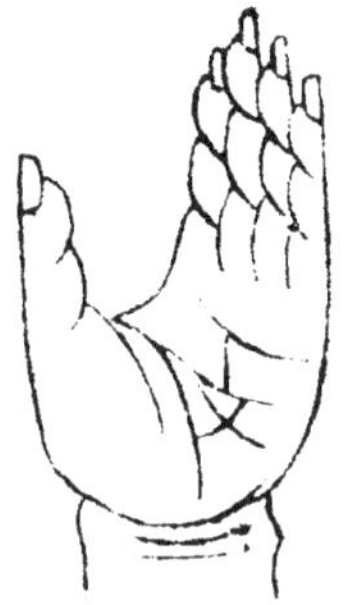

小貴の紋奇にして小貴官。
更に紅潤と柔軟とを兼ねば、
縦《たと》い官禄無くも閑銭を積まん。
僧道は還《ま》た須らく要権を 官《つかさど》るべし。

酒食紋《しゅしょく》

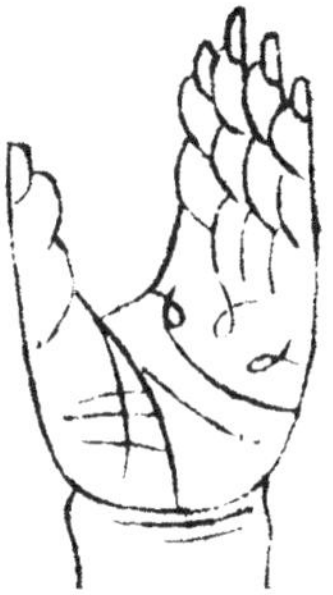

従来酒食の紋何にか似たる。
好《よ》く斜飛の三燕子に似たり。
坤上差池《しち》として巽宮に入る。
逢ふ毎《ごと》に俎《そ》を横《よこた》ふ貴き交の裡《うち》。

朱雀《しゅじゃく》紋

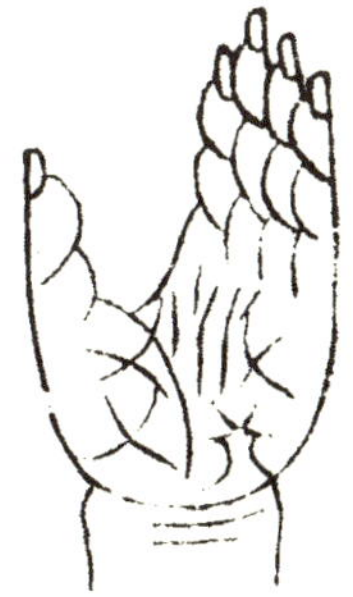

朱雀の紋生じて掌に向ひ来る。
一生終《つい》に是れ官災を惹《ひ》く。
若し叉紋有らば猶《なお》自ら可なり。
最も忌む両頭口開かざることを。

金亀《きんき》紋

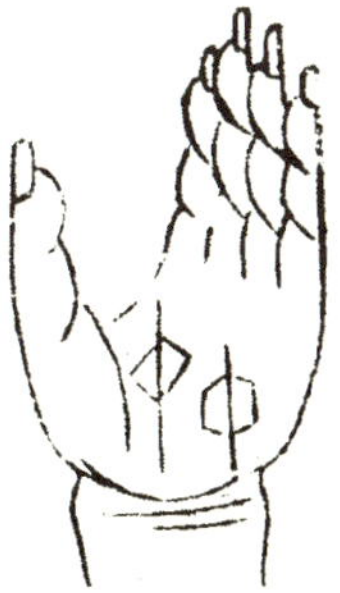

兌《だ》宮西岳《がく》起ること隆々たり。
紋金亀に似て勢象雄《せいしょうゆう》なり。
遐算《かさん》（寿）必然として百歳を過ぐ。
家に居て財宝更に擁容《ようよう》たり。

魚《ぎょ》紋

双魚《そうぎょ》紋

妻位《さいい》の紋魚《うお》有り。
清貴《せいき》にして更に何如《いかん》。
妻を期して能《よ》く節を守る。
沖　破《ちゅうは》すれば却って淫愚なり。

双魚居在す学堂《がくどう》の中。
世に冠たる文章祖宗を顕《あらわ》す。
文天紋を過ぎて更に紅潤ならば、
官と為《な》りて必ず定めて三公に至らん。

懸魚《けんぎょ》紋

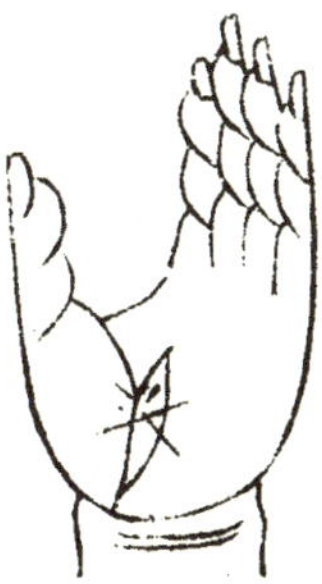

懸魚紋 襯《したがさね》して学堂《がくどう》全《まつた》し。
富貴時に当って正に少年。
一たび首を挙ぐれば金虎の榜《ほう》（名札）に登る。
龍に跨《またが》って馬と作《な》し玉を鞭と為《な》す。

鴛鴦《えんおう》紋

鴛鴦紋見《あらわ》れて多淫を主る。
色を好み杯を貪《むさぼ》って暫《しばら》くも停《や》まず。
暮《ぼ》雨《う》朝雲《ちょううん》年少にして愛す。
老来猶《なお》後生の情（歳若の心馳せ）有り。

花酒紋《かしゅ》

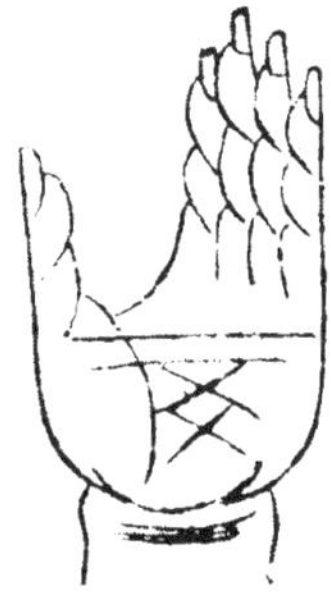

花酒紋生じて掌中に向ふ。
一生酩酊酔花《めいていすいか》叢《あつま》る。
疎狂《そきょう》好《よ》く用いて居積《きよせき》(蓄え)無し。
只二八の容《かたち》に貪迷《とんめい》す。

桃花《とうか》紋

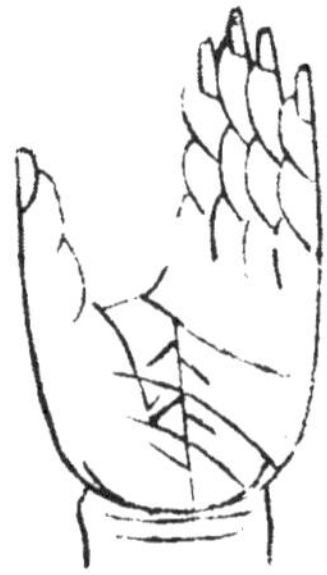

桃花紋現れて華奢を好む。
只貪杯を愛し又花を好む。
情性一生此の誤りに縁《よ》つて、
中年必ず定めて家を成さず。

桃花紋

花柳《かりゅう》紋

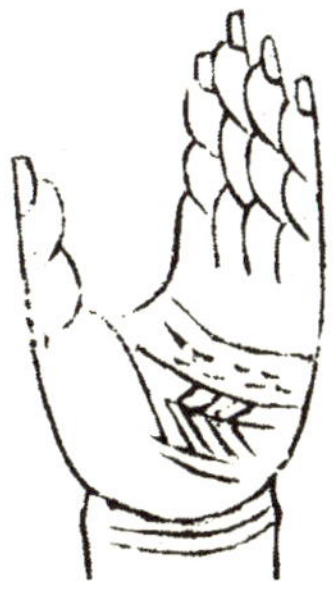

桃花紋見《あらわ》れて性情邪《よこしま》なり。
柳陌《りゅうはく》花街《かがい》（色里のこと）則ち是れ家。
正に是れ中年此の限《げん》に臨みて、
夢魂《むこん》猶《なお》一枝の花を恋《した》ふがごとし。

花柳紋生じて自ら愁いず。
平生多くは是れ風流を愛す。
綺羅《きら》叢裡《そうり》に歓楽《かんらく》を貪《むさぼ》り、
紅日三竿《さんかん》纔《わず》か頭《こうべ》を挙ぐ。

花《か》釵《しゃ》紋

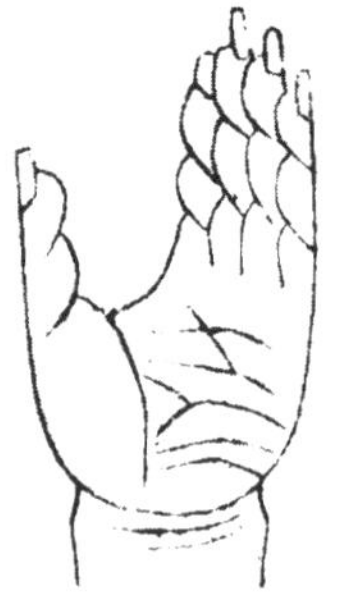

花釵紋現れて期を偸《ぬす》むことを主る。
巷陌《こうはく》風花只《ただ》自知す。
到る処得る人憐《あわれ》んで又惜しむ。
歓楽《かんらく》を貪《むさぼ》る処は西施《せいし》（美女の名）に勝《まさ》れり。

偸《ちゅう》花《か》紋

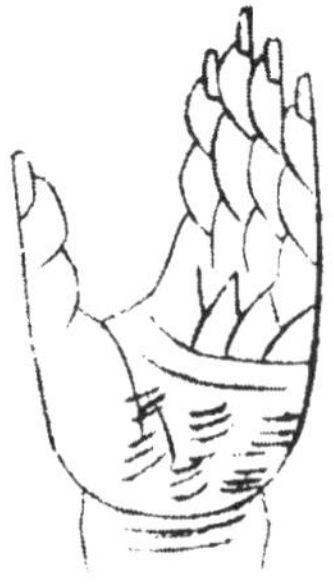

偸花紋現れて自ら非多し。
別に風花に処《い》て暗期を恋《した》ふ。
自ら好花あれども心に喜ばず。
一生専ら別人の妻を恋《した》ふ。

乱花紋《らんか》

身位班生ず是れ乱花。
平生天性華奢を好む。
閑花野柳時に攀折《はんせつ》す。
只嬌娥《ただきようが》（浮かれ女）を恋《した》ふて家を恋はず。

色労紋《しきろう》

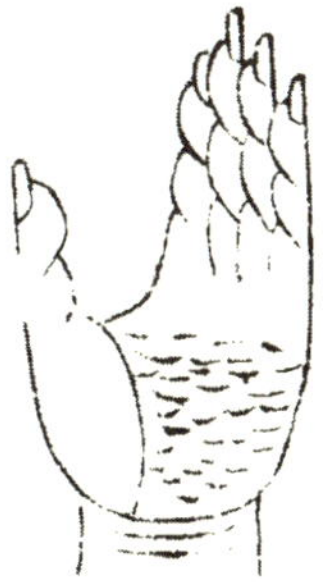

紋柳葉の河を貫穿《かんせん》するが如し。
巷陌《こうはく》風花歳を度《わた》ること多し。
暮雨《ぼう》朝雲《ちよううん》心裡に喜ぶ。
中年此に因て沈痾《ちんあ》を患《うれ》ふ。

色欲紋《しきよくもん》

色欲の紋は乱草の形の如し。
一生終に是れ好風情。
雲雨に貪迷《たんめい》して心歇《や》むこと無し。
五十にして心猶《なお》後生に似たり。

月角紋《げつかくもん》

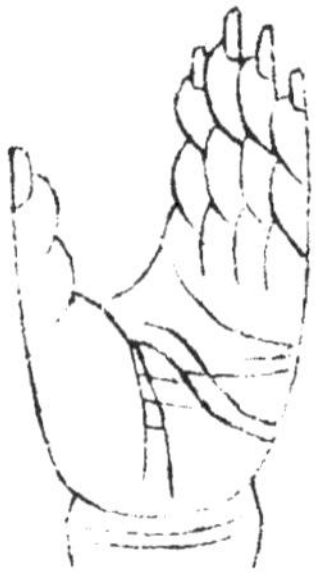

月角陰紋兌《だ》に出《い》で来る。
平生偏《ひとえ》に婦人の財を得たり。
好事也《また》須らく当《まさ》に戒《いまし》め忌《い》むべし。
色上をして官災を惹《ひ》かしむること莫《な》し。

亡神紋《ぼうしん》

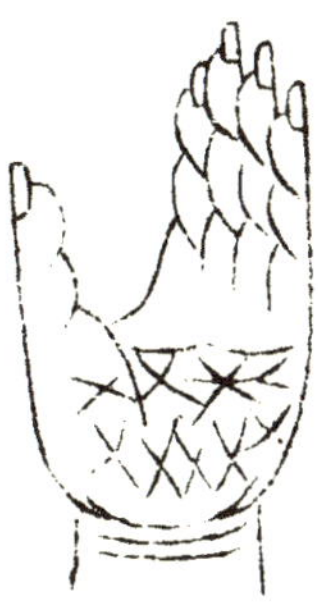

手中の横画を亡神と号す。
家財を破り了《おわ》つて六親を損す。
到る処人に与《くみ》して皆不足。
更に性命を妨げて険難《けんなん》（険しく悩む）に因《よ》る。

貪心紋《たんしん》

天紋散走《さんそう》して貪心有り。
只愛す便宜《びんぎ》の機未だ深からざることを。
面に対して身心捉摸《さくばく》し難し。
他人の物事相斟《はか》るが如し。

過《か》随《ずい》紋　艮宮の肉高し

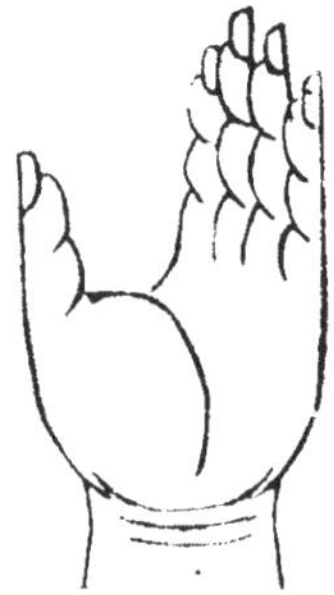

掌満《まん》の文、名づけて是れ過随。
早年怙《たの》み無けれども傷悲せず。
豈《あに》思はんや却つて娘《はは》に随つて嫁《か》し、
他人を拝啓《はいけい》して養児と作《な》ること有らんとは。

住《じゅう》山《さん》紋

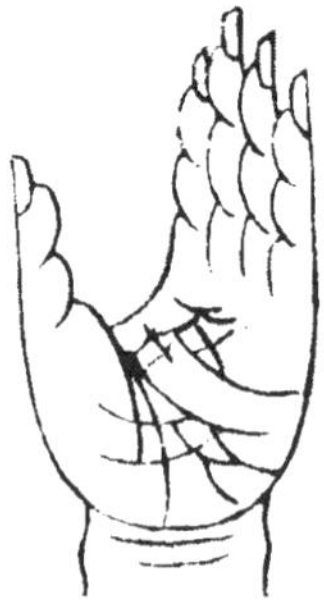

身位の斜紋是れ住山。
又幽静を貪《むさぼ》り又権を貪る。
老来世に処して心常に動く。
尤《もっと》も恨《うら》む鴛鴦《えんおう》の償《つぐな》ひ未だ還らざることを。

山光《さんこう》紋

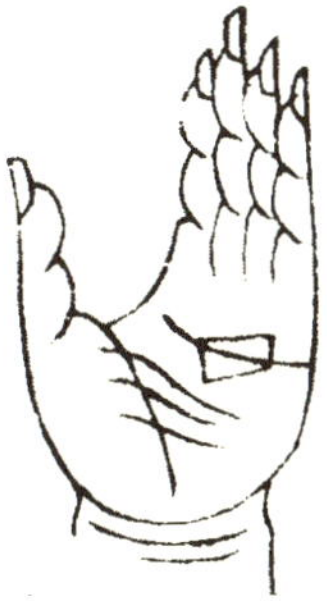

山光の紋現れて清閑を好む。
閑是《かんぜ》閑非《かんぴ》両《ふた》つながら干《あずか》らず。
此の相最も僧と道とに宜し。
鬧人《そうじん》は多く是れ孤鰥《こかん》（やもめ）を主る。

隠山《いんざん》紋

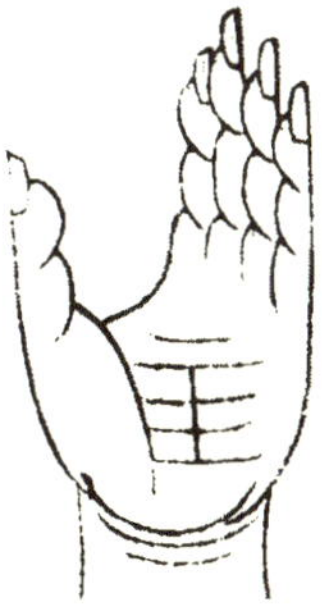

隠山の紋掌の中央に現れば、
性善慈悲《じひ》にして好く吉昌。
幽閑を愛楽して鬧起《そうき》（騒がし）を憎む。
末年道を悟つて西方に往《ゆ》く。

逸野紋《いつや》

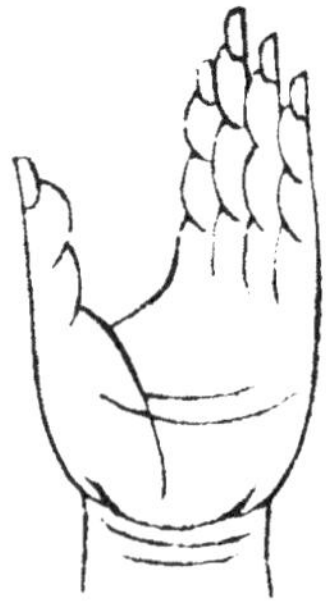

逸野の紋は命指従《よ》り尋ぬ。
両重直《ただ》ちに手の中心に植え、
性幽間を好んで好術饒《ゆた》かなり。
一生閙《さわ》がしきを嫌つて人の侵すを怕《おそ》る。

陰徳紋《いんとく》　学堂《がくどう》縦理多き者

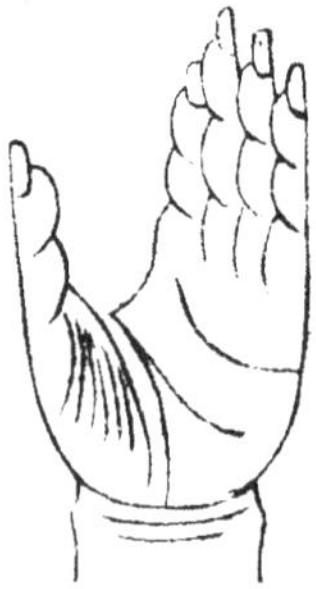

陰徳紋は身位より生ず。
常に陰徳を懐《おも》ふて聡明なるべし。
凶危犯さず心無事なり。
善を好み慈悲にして或は経を念ず。

華蓋《かがい》紋

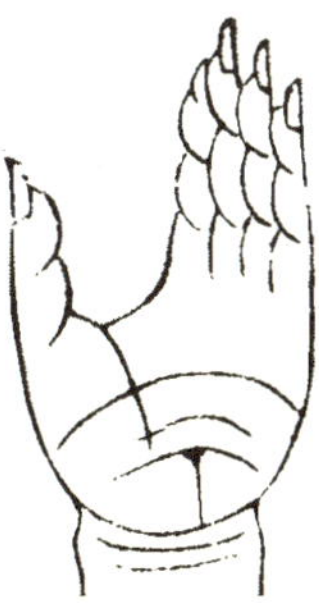

華蓋紋

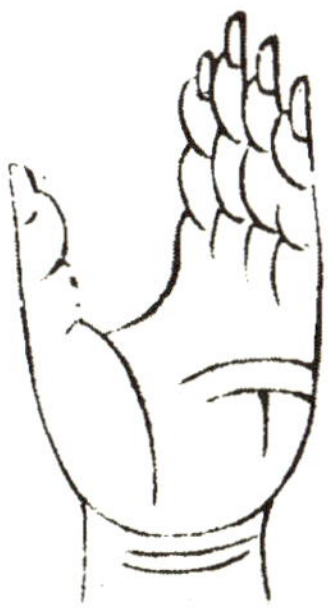

華蓋青龍陰徳同じ。
此の紋吉利にして陰功を侭《まま》にす。
若し凶紋有りて掌上に加ふるとも、
之を得ば救ふとす、凶とせず。

妻宮華蓋朝妻を蓋《おお》ふ。
得て妻財を招き後妻を逐《お》ふ。
皆五形并びに掌相を見て、
他年更に許す、男児有ることを。

震卦《しんか》紋　身位子女の善悪を見ることを主る

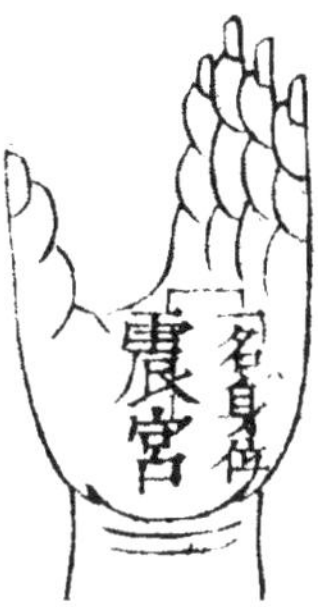

震《しん》豊かに色潤《うるお》ふて男児有り。
紋細ふして誰か知らん子息の稀なることを。
或は其の中還《かえ》つて煞《さつ》を帯るに遇《あ》はば、
只《ただ》別人の児を招き取るに宜し。

離卦紋

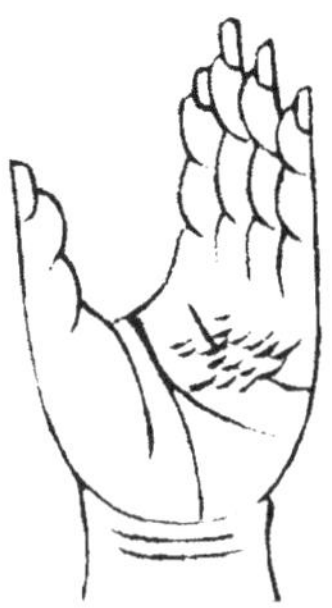

離紋沖乱《ちゅうらん》して多くは労碌。
坎位《かんい》豊かなるが如きは称《かな》ふこと晩年。
八卦盈《み》たざるは孤賤の相。
三山（巽離坤）厚きを要す英賢を主る。

剋《こく》父《ふ》紋

天文劈索《へきさく》（縄をつんざく）して人指に朝す。
此は是れ魁心成《な》りて喜ぶべし。
更に二指の中心に縫《ほう》すること有らば、
少年父を剋《こく》し倚《よ》る所無し。

剋《こく》母《ぼ》紋

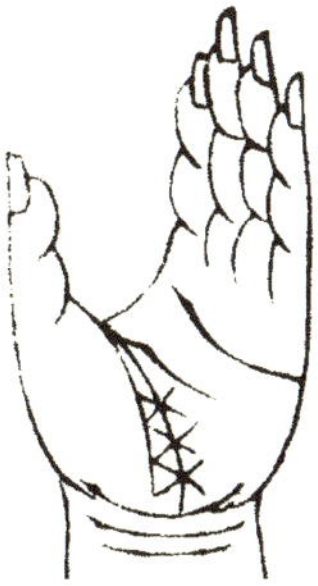

太陰若《も》し紋有りて沖破《ちゅうは》せば、
必ず定めて親生の母に見分《わか》る。
若し是れ別房は猶《なお》自ら可なり。
親生は必ず定めて閻君《えんくん》に見《まみ》えん。

朝天《ちょうてん》紋

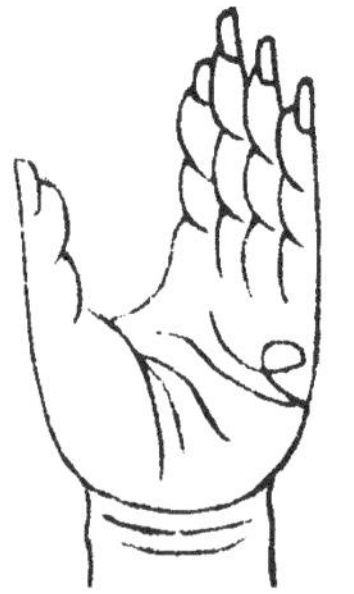

妻紋朝入して天文に向ふ。
妻淫心を起して父の尊きを悔ゆ。
交合遂に雲雨の事を成す。
人倫正しからずして家門を乱《みだ》る。

生枝《せいし》紋

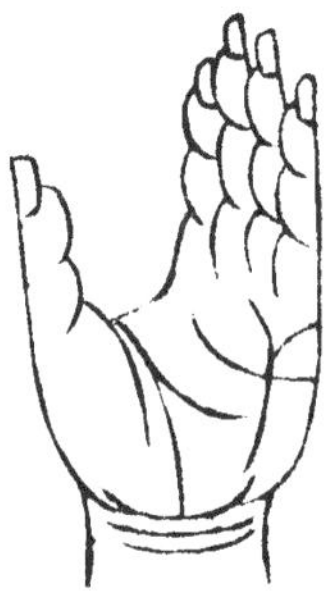

妻位の紋枝を生じて、
天生狡猾《こうかつ》の妻。
丈夫能《よ》く半を省く。
閫《こん》子《し》頼《よ》つて施為《せい》す。

妻妾《さいしょう》紋

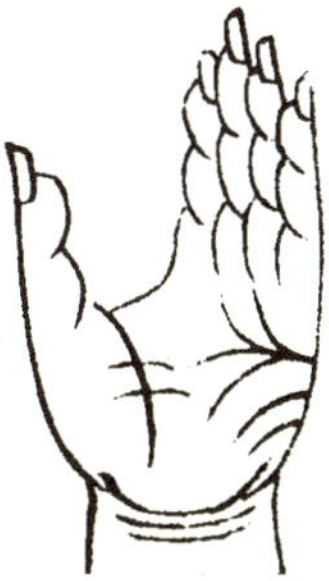

妻妾生じて奴僕の宮に入る。
妻意有り私事を通ぜんと欲す。
奸星《かんせい》若し是れ黯黲《あんざん》を発せば、
禍《わざわい》必ず蕭墻《しょうしょう》（籬）の裡《うち》より起らん。

奴僕《ぬぼく》紋

奴僕の紋朝入して妻に向ふ。
必然として奴僕共に之を淫《いん》す。
妻心正しからずして奴心壮《どしんさかん》なり。
此を致す君が家に此の為《わざ》有り。

一重紋《いっちょう》

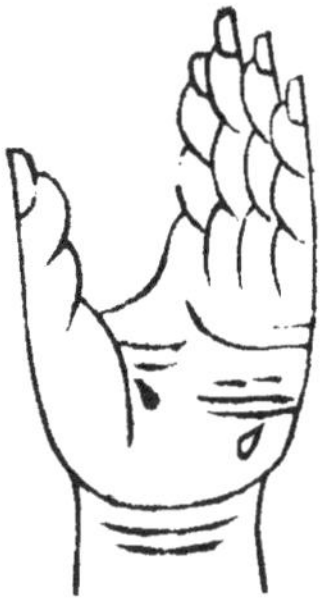

妻宮只《ただ》一重紋有り。
個《この》妻奴及び弟昆《ていこん》(弟と兄)没《な》し。
若し両紋并びに四画あらば、
君が許す後続の好《こう》児孫。

三煞紋《さんさつ》

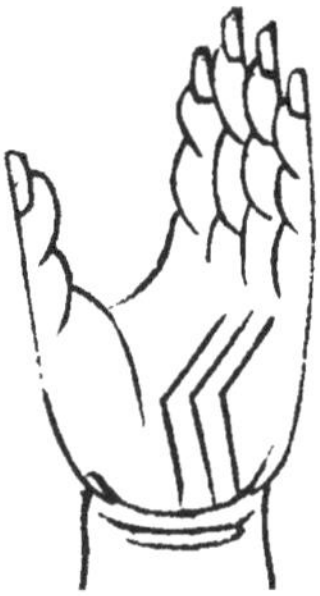

三煞の紋妻子の位を侵せば、
末妻子を害《がい》して涙空《むな》しく垂《た》る。
若し先剋に逢《あ》はば後須らく軽《かろ》かるべし。
中年孤独の睡《ねむ》りを致すことを免れん。

劫煞紋《こうさつ》

劫煞の紋散乱として冲《むな》し。
成《せい》多く敗《はい》多く又凶多し。
初中災了《おわ》つて刑害《けいがい》なし。
娘《はは》を妨げて須らく意を得ること濃《こま》やかならしむべし。

四季論《しき》　紋に非ず色を論ず

春は青く夏は赤く秋は白きに宜《よろ》し。
四季の中（土用のこと）は黄に黒きは冬に喜《よろ》し。
秋赤く冬黄に春白きを見《あらわ》す。
夏の間黒きに逢《あ》ふは総て凶と作《な》す。

手を相す

○大抵人の手は軟らかにして而して長きを欲す。膊《はく》は平らかにして而して厚きを欲す。肩は円かにして低からざるを欲す。腕節《わんせつ》は太きを欲す。指節は細きを欲す。龍骨は長きを欲す。虎骨は短きを欲す。骨露れて而して粗《そ》に、節浮かんで而して散り、紋緊《つか》ねて縷《いとすじ》の如く、肉枯れて而して削るは、美相に非ず。

○昔《むかし》蜀《しょく》の先生、身の長《たけ》七尺五寸、手を垂れて膝に下る。目其の耳を顧見《かえりみ》る。遂に貴となる。

○王克正《おうこくせい》（人の名）死す。身後、子無し。其の家仏事を修《しゅ》す。惟《ただ》一女十余歳、炉を捧げて像前に跪《ひざまづ》く。陳摶《ちんたん》入て弔す。出でて人に語つて曰く、王氏の女、吾《われ》其の面を見ずと雖《いえど》も、但《ただ》其の炉を捧ぐる手相を観る。甚だ貴し。若し是れ男子ならば則ち白衣にして翰林《かんりん》に入らん。女子ならば則ち嫁《か》して国夫人と為《な》らんと。後《のち》、陳晋《ちんしん》公参知《さんち》（官名）政事為《た》り。妻無し。太宗の曰く、王克正は、江南の旧族、一女令淑《れいしゅく》、卿《けい》、配と作《な》すべし。太宗教諭《きょうゆ》すること再三。遂に納《い》れて室と為《な》す。果して数日ならざるに郡《ぐん》夫人に封ぜらる。

○又云く、掌《たなごころ》白ふして玉の如きは貴く、指直ふして笋《たかんな》の如きは富む。手軟らかにして綿《わた》の如きは安楽、手滑《なめ》らかにして苔《こけ》の如きは福寿。臂《ひじ》より肘に至るまで龍骨と名づく。君に象《かたど》る。長ふして而して直きを欲す。肘より腕に至るまでを虎骨と名づく。臣に象る。短ふして而して厚きを欲す。

指掌を相す

○掌を虎とし、指を龍とす。只《ただ》、龍、虎を呑むべきとも、虎、龍を呑むべからず。四指を賓《ひん》とし、中指を主とす。賓主相済《あいすく》ふを美とす。太指長きは、平生貴きに近づく。四指短きは小人にして足らず。性煩わしくして耐へず。

掌長く指短きは、暗《あん》に人の嫌《きらい》を惹《ひ》く。少年養ひ難し。五指斬傷《ざんしょう》、若し或は病損するとも亦た主る所有り。太指は祖を破り、二指は父を剋し、三指は母を剋す。四指は妻を妨げ、五指は子を刑す。太指駢母《べんも》は亦た疾苦を主る。歯、指甲を残《そこな》ふは（爪を咬むを言ふ）、心緒愁《うれい》多し。古人云く、甲《つめ》を咬むは人を疑い、復《ま》た自身を剋す。紋横たはり指尖《とが》るは、亦た人の嫌ふことを惹く。

手を相するの篇　許負（前漢の人。亜夫、鄧通《とうつう》等を相せし者）

○手紋乱《みだ》し刻むは福禄有るべし。指長く掌大なるは永く災害無し。手中理紋無きは殺害論ずるに堪えず。手に縦横の紋有るは、爵位三公の尊《そん》。黒子掌中、財食窮《きわ》まり無し。黒子手裡、婦《ふ》多く子少なし。掌の四方厚く中央少し薄く兼ねて深紋有るは財食安楽なり。掌通じて四《よも》に起るは君子に容止《ようし》す。手に仰月有るは行くに虀《かて》を装はず（手中、仰月有るは即ち得難し）。手に三的《さんてき》の約《やく》あるは、必ず多く奴僕を使ふ（指上の紋、三行有り。三道と名づくるは是なり）。手に一約有れば奴と為《な》りて走脚す。或は仕宦と作《な》れども兼ねて貧にして福無し。十指三約并びに通じて衣食貲財窮《しざいきわ》まり無し。手、虎の屈《かが》むが如きは貧寒骨に至る。手の爪瓵瓦《とうが》の如きは大富の長者と作《な》る。爪忽《たちま》ち欠落するは病厄数《しばしば》著《つ》く。龍亀紅直（龍とは指の節なり。直長を要す。亀とは掌甲なり。紅黄を要す）は必ず官職を得。爪龍虎に似たるは（爪に大小有りて或は青く或は白し）貴名得難し。男の手、錦嚢《きんのう》の如きは禄位公王に似たり（上貴の相は則ち然り。庶人は富貴に名づくなり）。女の指、竿槍《かんそう》に似たるは福禄無彊《ぶきょう》に至る。

詩に曰く、
貴人の十指軟らかにして纖々たり。
但《ただ》清閑ならざるも福自《おのずか》ら添ふ。
若し還つて損折《そんせつ》せば君子に非ず。

断ずべし、凶愚にして謙《へりくだ》ることを識《し》らずと。

掌紋を論ず

○手中に紋有るは亦た木の理有るに象《かたど》る。木の紋美しきは名づけて奇材と為《な》す。手の美紋有るは乃《すなわ》ち貴質なり。故に紋無くんばあるべからず。紋有るは上相。紋無きは下相。紋細ふして而して深きは吉。紋麁《そ》（粗し）にして而して浅きは賤し。掌中三紋有り。上画《かく》は天に応ず。君に象り、父に象る。其の貴賤を定むるなり。中画は人に応ず。賢に象り、愚に象る。其の寿夭を弁ずるなり。下画は地に応ず。臣に象り、母に象る。其の貧富を察するなり。三紋瑩浄《えいじょう》にして絞破《こうは》無きは福禄の相なり。縦理多きは性礼にして而して才あり。横理多きは性愚にして而して賤し。竪理直《ただ》ちに上指を貫くは、百謀皆遂ぐ。乱理漏出して指を縫するは、諸事破散す。紋細ふして乱糸の如きは、聡明にして美褒《びほう》あり、紋粗ふして櫟木《れきぼく》（ぬるでの木）の如きは愚頑にして貧賤なり。紋乱れ刓《きざ》むが如きは一世貧苦。紋糠《ぬか》を散らすが如きは一生快楽。宝銭の紋有るは、貨財進むことを主る。端笏《たんこつ》紋、挿笏《そうこつ》紋有るは、文官にして朝《ちょう》に列《つら》なる。十指の上、旋螺《せんら》有るは栄貴なり。紋漏れて指節に出づるは破散す。十指の上紋、三鈎を横たふるは貴ふして奴婢《ぬひ》を使ふ。十指の上紋、一鈎を横たふるは賤ふして駆使せらる。亀紋有るは将相。魚紋有るは郎官《ろうかん》。偃月《えんげつ》の紋、車輪の紋有るは吉慶《きつけい》。陰隲《いんしつ》の紋、延寿《えんじゅ》の紋有るは福禄。印紋有るは貴く、田紋有るは富む。井紋有るは福。十紋有るは禄。五策（五つの縦筋）の紋有つて上《かみ》指を貫くは名万国に光《て》る。按剣《あんけん》の紋有りて権印を加ふるは軍を四海に領す。結関《けつかん》の紋有るは凶逆にして而して妨害す。夜叉の紋有るは、下賤にして而して偸窃《ちゅうせつ》す。大凡《おおよ》そ紋好《よ》しと雖《いえど》も、而も欠破欠陥あるは皆成ること無きの相とす。

手裡の紋を論ず

○手裡の紋は、其の験《しるし》尚《ひさ》し。長短の理、縦横の紋有り。其の厚薄軟硬《なんこう》を見て、以て貴賤貧富を弁ずるなり。五指皆竪紋《じゅもん》有り。上の両節に近きを之を龍紋と謂ふ。天子の師と為《な》ることを主る。人指、使相と為す。中指は公侯と為す。無名指は卿監《けいかん》を主り、小指は朝郎《ちょうろう》を主る。太指は巨富を主る。五指皆横紋有りて旋繞《せんにょう》するは封侯《ほうこう》を主る。立理有りて貫くは将相に拝せらることを主る。掌心の中央、之を明堂《めいどう》と謂ふ。異紋黒子有るは、才芸を主る高貴なり。若し飛禽字体を成すは、清顕《せいけん》の貴と為《な》ることを主る。大指の本に横紋有るは、之を空谷《くうこく》紋と謂ふ。至裕《しゆう》にして納《い》れざる所無し。大富を主る。腕を繞《めぐ》る紋有り。周旋《しゅうせん》して断《た》えざるは、之を玉釧《ぎょくさん》の紋と謂ふ。人の敬愛を主る。一紋二紋は朝幕の栄を主る。三紋上に仰ぐは翰苑《かんえん》の貴を主る。男女皆同じ。其の紋周匝《しゅうそう》を得ると雖《いえど》も、若し或は断絶して匝《めぐ》らざれば、乃《すなわ》ち証を取るも験《しるし》無し。

玉掌の記

○掌《たなごころ》を相するの法、先づ八卦を看《み》、次に五行を察す。指に長短有り。掌に厚薄有り。或は星辰《せいしん》を見《あらわ》して、文脈に応じ、命中華蓋《かがい》、掌上分明にして必ず文章玉樹を成す。或は結角《けつかく》の紋。汨羅《べきら》の紋。隻魚《せきぎょ》の紋。双魚《そうぎょ》の紋。玉階の紋。金井の紋。飛針《ひしん》の紋。雁排《がんぱい》の紋。雁陣《がんちん》の紋。偃月《えんげつ》の紋。云環《うんかん》の紋。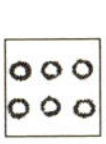南星中宮に見《あらわ》れ、北斗正位に列なる。或は亀紋、禽獣の形を作《な》す。已上此等の異紋を貴しとす。九羅八卦に生ぜば、定めて列諸侯と為《な》る。一路二路、三節を穿過せば、乃《すなわ》ち是れ朝に帰するの宰相なり。離宮五井は必ず一品の宮と為《な》る。掌心の印紋は定めて諸侯の位を主る。

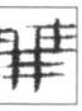錦紋血を噀《は》くは貲財《しざい》百万。紋重なるは定めて高明を主る。紋奇なるは当《まさ》に小爵なるべし。五色斑理五常紋見はるれば、水に投じ、或は自ら縊《くびくく》ることを主る。結緱の紋、覆船の如し。自ら縊《くびくく》り或は水に溺れて死することを主る（手紋、足紋、并びに同じ。若し掌中坎艮宮に現るれば、則ち此の輩必ず水厄を主る）。三峰を尖起すれば、限数《げんすう》の福、晩景《ばんけい》に生ず。其の心霊《れい》なるは、其の紋必ず顕る。其の心昧《くら》きは其の理明らかならず。

○乾宮高く聳《そび》ゆるは長子の権、豪《つよ》きことを主る。坎位《かんい》高く堆《うずたか》きは、前人（親、先祖）の庇蔭《ひいん》を受く。艮宮刓陥《がんかん》（削り窪む）は、子父を初年に損す。震位高く朝すれば、田宅を十世に置く。巽宮散乱は、多くは遊蕩《ゆうとう》の徒とす。離位突高は、必ず功名を作《な》すの士なり。坤宮破れを帯ぶれば、児女を招ひて以て凋零《ちょうれい》す。兌位傷有れば、夫妻の鰥寡《かんか》（男やもめ、女やもめ）を定む。男子冷黄《れいおう》水の似《ごと》きは、平時夢多きの客（夭折を主る）。陰人（女のこと）煖紅丹《だんこうたん》の如きは、

老に到るまで疾苦に逢ふこと少し（福寿を主る）。甲銅瓦《どうが》の如きは、脱洒《だつせん》（潔し）たる心神（魂）、甲瓜皮《かひ》に似たるは昏沈《こんちん》なる神気。甲薄きは、命年短促《たんそく》す。甲厚きは寿算延長す。甲尖るは小智。甲破るゝは成ること無し。甲滋潤《じじゅん》（潤ふ）なるときは、則ち財穀豊盈《ほうえい》す。甲乾燥なるときは、則ち貧薄《ひんぱく》夭亡す。指尖り長きは則ち文学貴顕《きけん》にして高く華蓋《かがい》を張る。平生の智、衆人に出づ。指小さく手大なるは、浮蕩《ふとう》（締まりなし）にして貲財《しざい》を聚《あつ》め難し。掌《たなごころ》細く面窄《おもてすぼ》きは、辱《はすかしめ》を受くの艱辛《かんしん》にして逸《いつ》せず。節鶏卵《ふしけいらん》の如きは、一生多く横財を得。掌燕巣《えんそう》に似たるは、万頃の富饒《ふにょう》の田産あり。掌に堆峰《たいほう》有るは、宜しく福厚なるべし。腕に窊骨《かこつ》無き（窪まず）は、官栄を主る。四畔相《あい》近きは、三限《さんげん》（初年・中年・晩年のこと）倶《とも》に良しは、凶吉須らく決すべし。貴賤以て分つは、学者精詳にして万に一失無けん。

掌紋の善悪を相す

○此の紋三指の上に朝するは、平生快楽《けらく》にして風流なり。此の紋坎《かん》宮に在りて柳糸（柳の葉）に似たるは、積代簪纓《しんえい》にして富貴なり。此の紋合すれば聡明を主り、顕《けん》官と為《な》る。此を縄紋と名づく。明《めい》堂《どう》に在るは、自ら縊《くびく》ることを主る。此を交紋と名づく。両指の下《もと》に在れば、両処の根基《こんぎ》を主る。仮《か》子家を興《おこ》す。異姓居を同じふす。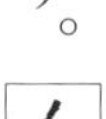此を両條《りようじよう》紋と名づく。合すれば聡明を主る。紋、掌内に在るを華蓋《かがい》星と為す。此を双魚紋と名づく。平生富足《ふうそく》、兄弟和美。若《も》し魚尾《ぎよび》指を貫かば須らく富むべし。此を金井《きんせい》の紋と為す。掌中に在るは大いに貴し。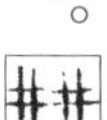双井、三井、共に富貴を主る。坎宮の、乾宮の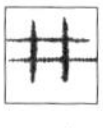、震宮の、並びに万頃の田を保つ。此を十字紋と為す。手中より天紋を貫き出る者は大いに発す。平生権有り。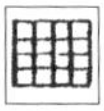此を棋盤《きばん》の紋と為す。艮宮に在るは、心本

無事にして愁緒万端なり。 此を穿銭《せんせん》の紋と為す。富貴を主る。 此を玉階の紋と為す。掌中に在れば科名《かめい》有ることを主る。 此を金印の紋と為す。明堂《めいどう》に在りて方正《ほうせい》明白なるは、少年登科《とうか》す。凡《およ》そ印紋部位に拘はらず、但是れ印のみ取る。 交結《こうけつ》の印、 象眼《ぞうがん》の印、 三角の印、 丰字《ほうじ》の印、 女字の印、凡そ手中に印有るは人と為《な》り信《しん》有り。少なきより非横の災《わざわい》無く、一生鬼神を畏《おそ》れず。高きに近づひて権柄《けんぺい》有り。 此を衝天《しょうてん》の紋と為す。掌中に在るを天柱と為す。寿を主る。此の宮を天一貴宮と名づく。離宮を穿過《せんか》して直ちに指節を貫く。玉桂《ぎょくけい》紋と号す。富貴を主る。離を官星貴宮と為す。坤を福星貴宮と為す。巽を運星貴宮と為す。五指倶《とも》に穿《うが》つは、五福倶《とも》に備《そな》はると為す。初中末の限に遇ふて、此の紋流出すること有るは、必ず其の限、福を発することを主る。掌《たなごころ》の高低に随つて之を断る。然れども一断一続は、一成一敗す。 此を断紋と為す。

右の手に在るを把刀《はとう》の紋と為す。母に利あらず。左の手に在るを執剣《しゅうけん》の紋と為す。父に利あらず。俗に云ふ、左断えて右断えざるは、骨肉一半を損ず。両手一に切断するは、兄弟相看へず。 是は此れ眼紋。太指に在るを夫子《ふうし》眼と名づく。聡明を主る。坤宮に在るを仏眼と為す。孤剋を主る。掌中に在るを道眼と為す。性霊を主る。 此を金梭《きんさ》の紋と為す。陰人の力を得ることを主る。 此を三角眼と為す。坎宮に在るを鼠眼と為す。好んで偸盗《ちゅうとう》することを主る。 此を花柳《かりゅう》眼と為す。淫洽《いんごう》を好む。坤宮に在るを流涙《りゅうるい》眼と為す。第三指に在るを青眼と為す。貴に近づく。巽宮に在るを貫索《かんさく》眼と為す。横財を発することを主る。 此を蓮花《れんげ》紋と為す。掌中に在るを合掌《がっしょう》蓮花と為す。宜《よろ》しく僧道と作《な》るべし。 此を棺材《かんざい》の紋と為す。遂《すい》年旋《せん》生して艮宮に在り。紋有るに非ず。肉を自ら凸起《てっき》す。生じて全からざる者は妨げ無し。生じて全き者は、前後を問はず。其の年生ず

れば其の年死す。一片淹滞《えんたい》すれば災繞《まと》ふ。二片は孝服《こうふく》（憂いをみる）。三片は重々たる災事。四片は死旦夕《たんせき》に在り。如《も》し艮宮掌中黒きときは則ち死期近し。古人云く、艮上白板を鋪《し》き、掌中曽《かつ》て烏鴉《うあ》（明堂《めいどう》の黒気なり。倶《とも》に死亡の相）を認宿するに宜しからず。坎宮黒き者は、水に落ちて死す。震宮黒き者は雷に傷《やぶ》らる。兌宮の黒脈、艮を過ぎば、虎に傷《やぶ》らるゝことを主る。巽宮の黒脈乾を過ぎば、蛇に傷るゝことを主る。離宮の黒脈、坎を過ぎば、災を見ることを主る。 此を盤旋《ばんせん》の紋と為す。自《みずか》ら縊《くびく》って亡ぶることを主る。紋無きが如くにして乃《すなわ》ち黒脈なり。兌宮棺材の紋、及び黒脈有りて相衝《つ》く、之を摧屍《さいし》紋と謂ふ。必ず死す。若し黒紋有りて立身紋の如く起り、直ちに二指の上節を穿つ。之を黒気天を衝《つ》くと謂ふ。性命関を過ぐ。縦《たと》ひ棺材無きも、亦た凶《あし》し。 三点相連《つら》なるは大いに好し（巽離坤宮の肉起る、是れ則ち三峯の文なり）。更に出す所の処に字を成《な》す異相を見よ（天字

地字士字女字愛字《あい》井字田字王字用字丰字《ほう》并に貫字《かん》并びに化字武字友字虞《ぐ》字)。凡そ手中に一字を成すは、終身受用尽きず。生じて命宮の上に在れば、自身貴きことを主る。生じて父母宮の上に在れば、父母貴し。生じて子宮の上に在れば、子孫貴し。生じて妻位に在れば、妻貴きを主る。生じて兄弟位の上に在れば、兄弟貴し。倶《とも》に紋理方正《ほうせい》を要す。断頭《だんとう》の紋。横屍《おうし》の紋。刀字《とう》の紋。丁字《てい》の紋。枷鎖《かさ》の紋。夜叉《やしゃ》の紋。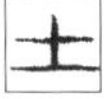土字の紋。火字の紋。産死《さんし》の紋(川字の紋、水字の紋、婦人に在るときは則ち産死の紋と為す)。乃字《だい》の紋、妬妻《どさい》の紋、凡そ手中、此の一字を犯すは、大いに凶し。若し是れ甲破れて而して黄に、手斜めにして而して曲り、骨粗にして而して毛旋《めぐ》り、掌薄ふして而して肉枯るゝ。最も悪しし。逆角の紋。横直にして指折るは、廃疾を生ず。徒狡《とこう》を主る。

剣《けん》字の紋、軍に役せられ自殺し自刑することを主る。已上十五種、凶亡数の内に、紅潤の色、及び陰徳華蓋《かがい》の紋有らば、一半を折《くじ》くべし。

華蓋の紋。聡明を主る。更に指紋の大小、尖禿《せんとく》、淡濃、浅深、曲直、隠浮、聚散、起伏を看て、宜しく取捨すべしなり。文粗なるは人と為《な》り性慢《まん》に事を作《な》すに前後を思はず。然れども好紋は利を得。悪紋は災殃《さいおう》を為《な》す。紋深く内に入れば、機を作《な》すに思慮深く、作事《さじ》測られず。細紋背曲は、猥《わい》僻《へき》にして忠ならず直ならず。一生の作事成り難し。指聳へ紋長くして曲らざれば、性直にして而して忠誠。事を蔵《かく》さずして而して聡明なり。紋隠れて見《あらわ》れざるは、作事顕《あき》らかならずして知り難し。紋浮かんで内に入らざるは、人と為《な》り軽浮《けいふ》にして好んで高ぶる。事多くは成り難し。一生浩蕩《こうとう》す。聚紋交鎖《じゅもんこうさ》は、人と為《な》り心 邪《よこしま》にして多く学んで少しく成る。人の嫌ひを得。一生労碌《ろうろく》たり。紋散じて定まること無きは、一生散失す。作事就《な》ること無し。

吉凶未だ応ぜざるに、紋下《しも》よりして而して上に向ふは、作事成ること有りて廃すること無し。吉凶未だ応ぜざるに、紋高きよりして而して下に向ふは、作事性快《こころよ》ふして成らず。沈滞にして少しく通ず。大抵掌紋指節と、面部骨格と相称《あいかな》ふを以て美と為す。

訣に曰く、掌《たなごころ》軟らかなること綿の如きは、文武双《ふた》つながら全し。紋一《いち》縷《る》を横たへて、終に途路《とろ》に亡ぶ。指両節を生じて手裡《り》空しきは、其の人必ず市中に棄《す》てらる。腫節、風を漏《も》らすは、神昏《くら》く意懶《こころものう》し。豊隆に処《お》ると雖《いえど》も、常に散乱を主る。骨露《あらわ》れ筋浮かぶは、身楽《たの》しんで心憂《うれ》ふ。鞭節（指、節を露す）乱紋（紋、正しからず）は、決して遠村《えんそん》に徒《うつ》る。羅網《らもう》（網の如き筋）四門（乾坤艮巽、掌中の四維《ゆい》）は、身を賢《けん》君に投ず。大抵掌有り紋有るは、繁華《はんか》一世の中に存す。紋無く掌有るは、始終不足《ふそく》。紋有り掌無きは、栄《えい》有りて辱《じょく》無し。紋大いに指小さきは、事有りて高く叫ぶ。一たび語つて便《すなわ》ち嗔《いか》り、頭《こうべ》を回らして相《あい》笑ふ（此れ碌々《ろくろく》たる小輩《はい》の人を言ふ）。

詩に曰く、

手軟らかに綿の如く更に紅《くれない》なり。
巽坤離位、高峰《こうほう》起《おこ》る。
果然《かぜん》として官禄の紋端正《たんせい》ならば、
坐《い》ながら栄華を享《う》けて祖宗《そそう》に勝《すぐ》れたり。
坎宮の紋直《ただ》ちに離《り》宮に上る。
富貴平生盛隆《せいりゅう》に処《お》る。
更に一般の羨に堪《た》えたる処有らば、
老年又《また》見る好家《こうか》風。

又曰く（五言六首）
断紋は性理《おさ》め難し。
高強にして気低からず。
多言にして怨恨《えんこん》を招き、
交友相宜しからず。

棋盤、志万端《ばんたん》。
事を撓《みだ》りにして心安きこと無し。
巧《こう》を弄《ろう》して又拙《せつ》と成《な》す。
終《つい》に須らく一般に幹《かん》たるべし。
紋大いにして応《まさ》に毒無かるべし。

心慈《じ》にして肉却《また》多し。
身愁自然に脱《だつ》し、
閑事《かんじ》又相過《あいす》ぐ。

紋直なるは為す所直。
直言《ちょくげん》して別人を諌《いさ》む。
忠言多くは耳に逆《さか》ふ。
転背《てんぱい》して却《かえ》つて瞋《いか》りを生ず。

羊刃《ようじん》性憂煎《ゆうせん》。
般々《はんはん》手前に向ふ。
然も執拘《しゅうこう》すること多しと雖《いえど》も、

却《また》貴人の憐《あわ》れみを得ん。

六合心《こころ》慈《じ》善《ぜん》。
人と為《な》り多く変に応ず。
出入衆《しゅう》の欽《つつし》む（羨む）所、
貴人偏《ひとえ》に相恋《あいした》ふ。

合相の格

○人痩せて掌満ち、
○人肥へて掌厚く、
○人大いに掌大いに、
○人小さく掌小さく、

○人清くして掌清く、
○人粗にして掌粗なる。
此を六合と為す（六合の徒、衣食自如たり）。

若し面小に掌大いに、人粗に掌軟らかなりと雖《いえど》も、豊厚紅潤、細紋勾理《こうり》、清秀明朗を得ば、必ず富貴聡明を主る。

破相の格

○短指大掌は、無事にして謗《そし》りを得。骨深く筋浮ぶは、少しく楽しんで多く憂ふ。手背《はい》骨高きは老に到つて勤労す。人賤しきに掌綿《やわら》かなるは、只銭を使ふことを好む。紋浅薄《せんぱく》骨硬大《こうだい》なるは、必ず孤貧愚昧《ぐまい》を主る。

根基《こんき》の所属

○掌の中央を明堂《めいどう》五広の宮と為す（一名は天一貴宮《き》）。自己の吉凶を主る。

詩に曰く、

中央深き処を明堂と号す。

自己の安危《あんき》此の裡《うち》に蔵《かく》る。

紋角印有るは方《まさ》に必ず貴し。

色暗黒なるが如きは定めて災殃《さいおう》ならん。

同じく八卦の詩

○乾《けん》を天門と為し、父と為す。戌亥に居て、金に属す。

詩に曰く、

乾を天位と為し四時を主る。

万象《ぞう》を包含して玄機を察す。
若し子孫の事を知得せんと要せば、
此の処濃肥《じょうひ》にして貴児有り。

○坎《かん》を海門と為し、根基《こんき》と為す。子位に居して、水に属す。
詩に曰く、
坎地肥濃貴きこと尋ぬべし。
紋有りて上を穿《うが》つは貴人欽《つつし》む。
此の宮低陥紋沖散《ちゅうさん》（虚しく散る）せば、
曽《かつ》て風波に遇ふて水患《かん》侵す。

○艮《こん》を田宅と為し、墳墓《ふんぼ》と為す。丑寅に居して、土に属す。

詩に曰く、
艮上の飛針《ひしん》兄弟稀《まれ》なり。
縦然《たとい》多く有るも也《また》分離す。
長幼中年の事に及《し》かず。
各分居を主りて独り自ら棲む。

○震《しん》を妻妾と為し、身位と為す。卯位に居して、木に属す。
詩に曰く、
震を身位と為し、自ら東に居る。
聳《そび》へ起つて紅滋《じ》なるは百事通《つう》ず（何事も叶ふ）。
低陥宮を犯《おか》せば妻剋することあり。
須らく識《し》るべし、此の輩蒙籠《もうろう》と作《な》ることを。

○巽《そん》を財帛《ざいはく》と為し、禄馬《ろくば》と為す（又、運星貴宮と為す）。辰巳に居して、木に属す。

詩に曰く、

巽宮禄馬の位高強、

若し高峰を起こさば性必ず良なり。

低陥更に兼ねて紋理破れば、

縦然《たとい》富貴も也顛狂《またてんきょう》す。

○離《り》を龍虎と為し、宮禄と為す（又、官星貴宮と為す）。午位に居して、火に属す。

詩に曰く、

離を官禄と為し、南方を鎮《ちん》す。

破陥すれば栄華久長ならず。

肉起れば無官は禄位を加へ、

仕ふる者は官を薦めて廟堂に入る。

○坤《こん》を福徳と為し、母と為す（又、福星貴宮と為す）。未申に居して、土に属す。

詩に曰く、

坤宮土に属して四方に位す。
只怕《ただおそ》る、浅紋と剋陥傷と。
紋乱れて男女終に破れを見る。
更に憂ふ、母位分悵（別れ、恨む）を主ることを。

○兌《だ》を奴僕と為し、子息と為す。酉位に居して、金に属す。

詩に曰く、

兌を僕位と為し、此の中に求む。

肥潤高く起つて性温柔《おんじゅう》。
斯《こ》の宮低陥紋破るゝが如きは、
子僕須臾《しばらく》も命留め叵《がた》し。

相痕紋圖

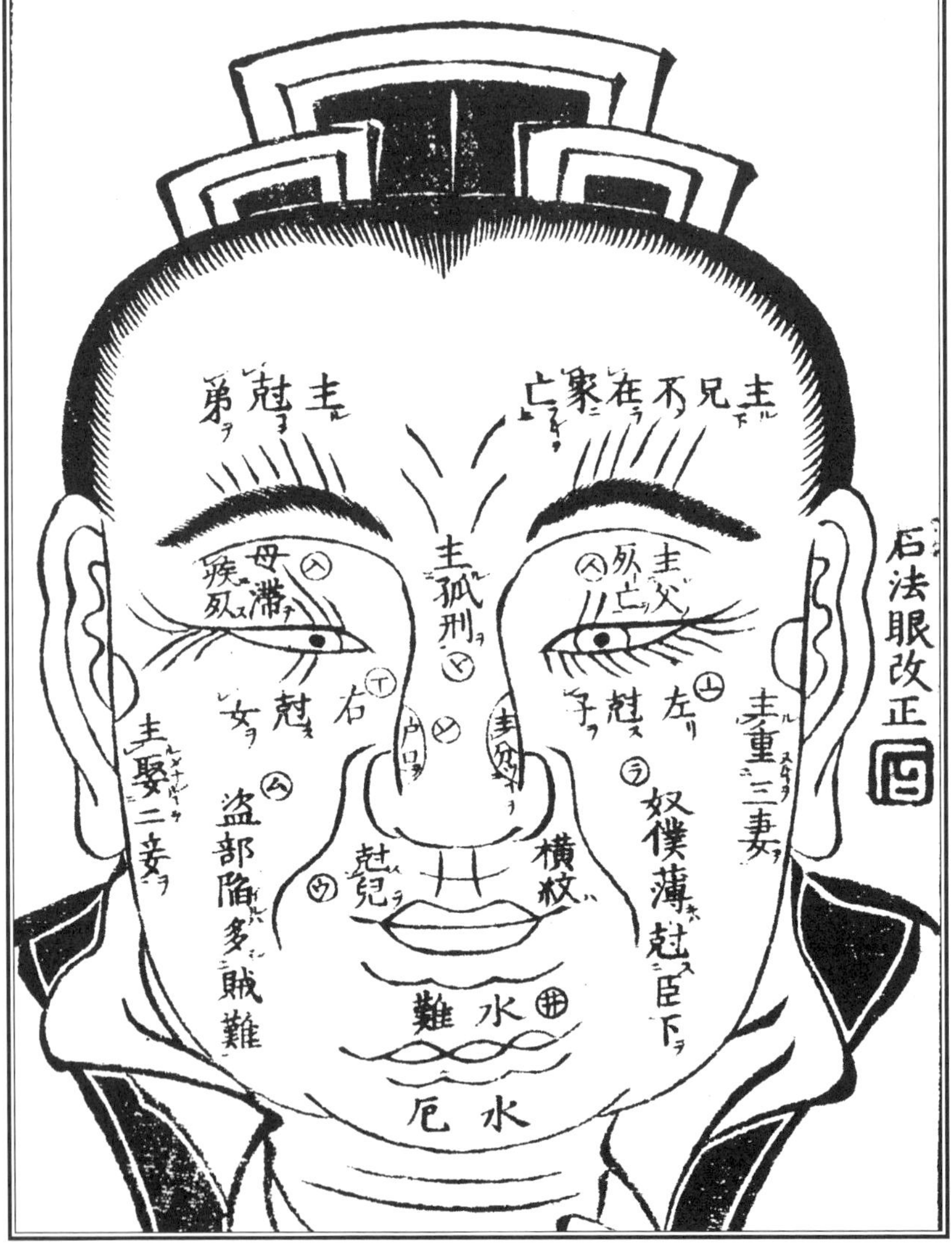
主兄不在象亡
主剋弟
主父死亡
母滯疾死
主孤刑
戸口
左剋子
右剋女
主重三妻
主娶二妾
奴僕薄剋臣下
盗部陥多賊難
横紋
剋兒
水難
水厄
石法眼改正

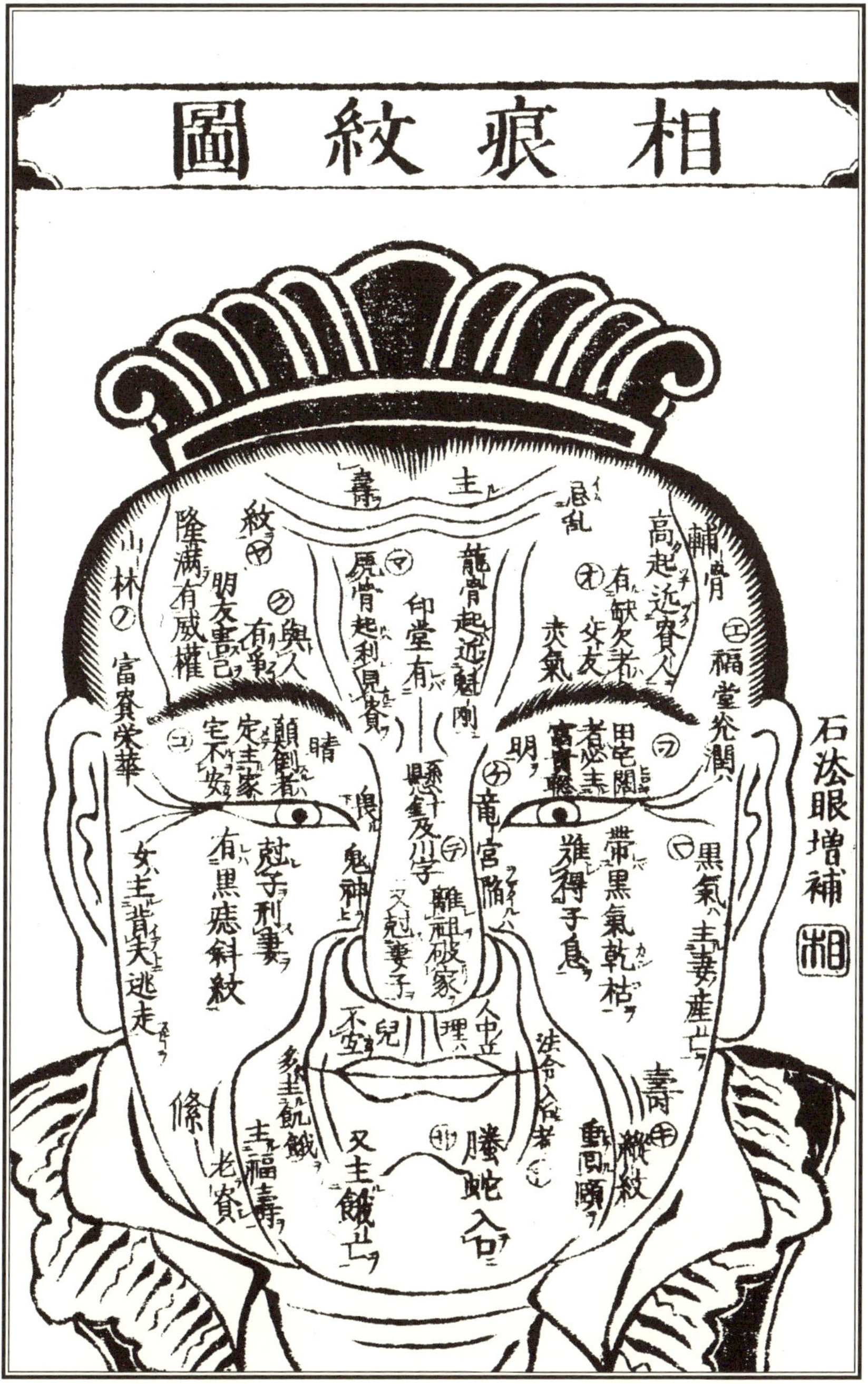

相痕紋圖
石湪眼增補
相

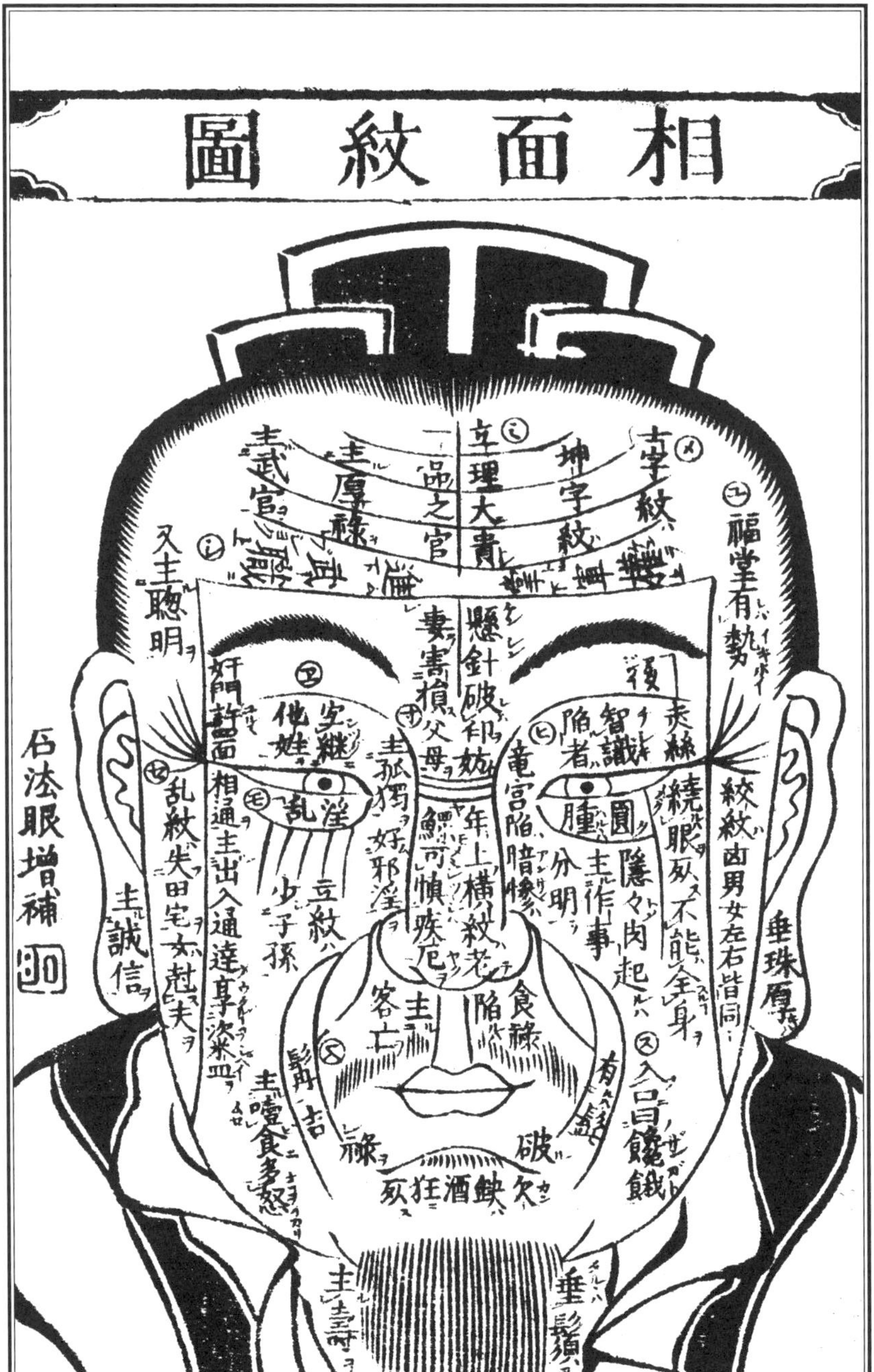
相面紋圖
石法眼增補
主理大貴
坤字紋
一品之官
主厚祿
主武官
福堂有勢
又主聰明
懸針破印妨
妻害損父母
奸門
年上橫紋
主作事
垂珠厚
主誠信
食祿
客亡
破
欠缺酒狂死
主壽
垂髯鬚

額部を相するの論

○一面の貴賤を分ち、三輔《さんぽ》の栄辱《えいじょく》を弁ずるは、額《ひたい》に定めざるは莫《な》し。故に天中《てんちゅう》、天庭《てんてい》、司空《しくう》、中正《ちゅうせい》、倶《とも》に額に列《つら》なる。是れ能《よ》く諸部位を摂《か》ぬ。人の貴賤に係《あずか》るなり。其の骨隆然《りゅうぜん》として起り、聳然として而して闊《ひろ》きを欲す。五柱《ごちゅう》頂《いただき》に入るは、貴きこと天子為り。其の峻《するど》きこと立壁の如く、其の円《まど》かなること覆肝《ふくかん》の如く、広くして而して明らかに、方《けた》にして而して長きは、貴寿の兆なり。左に偏《かたよ》る者は父を損し、右に偏る者は母を損す。小にして而して狭き者は貧夭。欠けて而して陥《おちい》る者は妨害。痕瘠《こんせき》の者は迍蹇《ちゅんけん》。坑陥《こうかん》の者は貧賤なり。左を日と為し、右を月と為す。日月角、百合骨、稜々《りょうりょう》として而して起る者は、二千石。印堂の上、天庭《てんてい》に至るまで、骨有りて隠然として而も勢ひ見《あらわ》るる者は、必ず栄達す。辺地《へんち》、山林、皆豊広を欲す。偏欹《へんき》に宜しからず、額角《がくかく》の両辺輔骨《ほこつ》起る者は、三品《さんぽん》の官、天中、天庭、司空、中正、印堂の五位、須らく端正《たんせい》明浄を得べし。則ち聡明顕達《けんたつ》す。
若し狭小《きょうしょう》にして而して乱髪《らんぱつ》、低覆《ていふく》にして而して沢《うるお》はざる者は、愚昧《ぐまい》にして貧賤なり。

訣に曰く、

頭小さく面窄《すぼ》きは、老いに至るまで孤厄す。

額大いに面方なるは、老に至つて吉昌。

額角《がくかく》高く聳《そび》ゆるは、職位崇重《そうちょう》。

天中豊隆は、仕宦功《しかんこう》有り。

額闊《ひろ》く面広きは、貴ふして人の上に居る。

額方《けた》に峻《たか》く起るは、吉にして利ならざること無し。

額瑩《ひか》つて瑕《きず》無きは、一世栄華《えいが》。

額部の紋を相す

○額の紋有り、貴賤を断ずべし。若し額方《けた》に広く豊隆にして、而して好紋有る者は、則ち爵禄《しやくろく》崇高なり。如し額尖狭欠陥、更に悪紋有る者は、則ち貧賤なること疑い無し。

三紋偃上《えんじよう》するは、名づけて偃月《えんげつ》紋と曰《い》ふ。朝郎を主る。

三紋偃上して一紋直《すぐ》なるは、名づけて懸犀《けんさい》紋と曰ふ。節察《せつさつ》を主る。武臣の紋なり。

王字紋は、封侯《ほうこう》を主る。

印堂の一紋、直《ただ》ちに天中に至るは、名づけて天柱紋と曰ふ。卿監《けいかん》を主る。

印堂二脈立ちて直ちに上ること三寸なるは、名づけて鶴足《かくそく》紋と曰ふ。刺史《しし》を主る。

三横紋乱れ繞《めぐ》るは、早く父母を喪《うしな》ふことを主る。女子に之れ有れば、

夫を妨げ子を害す。

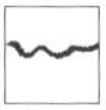一紋横たはつて而して曲がるは、名づけて蛇行《じやこう》紋と曰ふ。客として而して道路に亡《ほろ》ぶることを主る。

井字紋は、員外郎《うんがいろう》を主る。

川字紋は、憂慮刑厄《ゆうりよけいやく》を主る。

十字紋は、富んで而して吉昌なることを主る。

田字紋は、富貴を主る。

山字紋は、侍従《じしよう》の栄を主る。

乙《いつ》字紋は、京兆《けいちよう》の職を主る。

女《じよ》字紋は、栄貴顕達を主る。

乱紋交差《こうさ》するは、貧苦多災《たさい》を主る。

詩に曰く

○火星宮分れて闊《ひろ》く方《けた》に平なり。潤沢紋無く気色清し。犀骨三條の川字の相は、少年及第《きゅうだい》して公卿《こうけい》と作《な》る。

○火星尖り狭きは是れ庸流《ようりゅう》。紋乱れて凹兜《あっとう》たるは配囚《はいしゅう》を主る。赤脈《しゃくみゃく》両條日月を侵さば、刀兵刑法《けいほう》他州《たしゅう》に死す。

○額高く光沢なるは貴ふして而して栄ふ。横に三紋を貫《つらぬ》かば道術明かなり。女は却つて夫を妨げ多くは利あらず。額欹《そばだ》つて偏小なるは早く冥《めい》に帰《き》す。

○額上微成す、小理の紋。生じ来りて高貴、時の人に異なり。男は職位に居て僚佐《りょうさ》と為《な》り、女は賢才に嫁《か》して縣君《けんくん》と作《な》る。

○額上微成す、大字の紋。定めて知る、他日忠臣と作《な》ることを。更に能《よ》く恵愛《けいあい》、黎庶《れいしょ》(民)に施す。位録千鐘《せんしょう》、六親を栄《かがや》かす。

○士《し》字の横紋、額上に生ず。此の人高貴にして公卿に列《つら》なる。兼ねて能く衆を済《すく》い貧苦を怜《あわ》れむ。職位高く遷《うつ》りて帝廷《ていてい》に近づく。

○額懸蔞《けんろう》（烏瓜をかけたること）に似たるは病生ぜず。骨方《けた》に高く大なるは貴ふして栄を為《な》す。更に鼻に連《つら》なる三懸理《けんり》（縦皺）を見ば、男は多く婦を妨げ、女は私《わたくし》の情《こころ》あり。

○額上乱毛ある女は夫を剋す。男は婦を妨ぐと雖《いえど》も、性多くは愚《ぐ》なり。婦人左右に旋毛《せんもう》在りて鬢髪倒垂《とうすい》は尽《ことごと》く夫を妨ぐ。

○額上の三紋、横さまに眉を過ぐ。芸文求《もと》め覓《もと》めて世財宜し。面《おもて》黄色多きは家須らく富むべし。清奇《せいき》は官栄必ず自知せよ。

○紋理交加して額上に生ず。定めて知る、作事《さじ》分明ならざることを。終身の貧苦、常の賤しきに非ず。偏《ひとえ》に他人に取次しらるゝこと軽《かろ》し。

○時の人、悪儀形を識《し》らんと要せば、八字の直《ちょく》紋額に点じて生ず。須らく得べし、眼前日を逐《お》つて過ぐるとも。奈《なに》に縁《よ》てか災害曽《かつ》て停《とど》まらざる。

○額方に広く厚く潤ふて光輝なるは、定め見る、官栄にして位卑《ひく》からざることを。頬下の横紋、終《つい》に絶代。頬微に尖り小さきは田陂《ひ》（堤）を没す。

○額小なるは先、父を妨ぐ。頤《おとがい》尖れば、母必ず亡《ほろ》ぶ。額寛《ゆた》かにして終《つい》に是れ貴く、頤厚ふして田庄《でんしょう》を益《ま》す。

額を論ず　達磨

（天竺二十八祖。梵語。通大の義。法の義なり。法を般若多羅《はんにゃたら》尊者《そんじゃ》に嗣《つ》ぐ。伝燈録《でんとうろく》に詳《つまび》らかなり）

○額闊《ひろ》く平にして紋無きは、眼を助けて精神を倍《ま》す（闊《ひろ》きは横を以て言ふ。平は直を以て言ふ。紋無きは少年を以て言ふ。眼に若し秀無く神無くんば、額平闊と雖《いえど》も得る所幾《いく》何《ばく》ぞ）。

面紋を相す

○又云く。額上に横紋有りて、川字の如きは、寿を主る。両角横紋有り、斜めに屈曲《くっきょく》するは刑を主る。鼻上の横紋は子を剋することを主る。印堂直紋は、破相とす。鼻準《びじゅん》紋痕多きは心毒。結喉《けっこう》、紋有るは、自ら縊《くびく》ることを主る。頷下に乱紋《らんもん》無きは吉。眼下紋有りて斜めに下るは刑を主る。項上紋有るを項條《こうとう》と為す。貴寿を主る。腮下《さいか》横紋は悪死を主る。瞼上《せんじょう》（法令のこと）に紋有りて出づるは寿を主る。口に入て物を繋ぐが如きは餓死を主る。

面上紋理を相する詩に曰く

○横紋一画《いっかく》天中に在り。富貴栄華石崇《せきそう》（人の名）に似たり。若し是れ書を携えて明主に見《まみ》ゑば、定めて知る、高位にして三公に至ることを。

○天中曲理《きょくり》（筋曲がる）太《はなは》だ期《き》に乖《そむ》く。奈《いかん》ともすること無し。生来此の儀《ぎ》有ることを、衣食平々として終日有り。只形相に縁《よ》つて妻児を損《そん》す。
○黒子天中及び陥紋、官を退けられて厄《やく》多し。豈《あに》論ずるに堪えんや。伏犀《ふくさい》指の如く枕《ちん》に通《つう》ぜば、拝爵封侯《はいしやくほうこう》四十村《そん》。
○髪際《ばつさい》豊隆、骨起つて高し。能才頴悟《えいご》（鋭し）にして性雄豪《ゆうごう》（人に優るゝこと）なり。天井天倉隆《てんせいてんそうさか》んにして貴きを見る。上卿《じようけい》骨起て明朝を佐《たす》く。
○三画の横紋、耳辺に在り。定めて知る、聡恵《そうけい》にして是れ良賢なることを。若し書剣を携へて明主を干《おか》さば、応《まさ》に文章有りて九天を動すべし。
○左日右月《うげつ》両眉の間、光明なるは形《かたち》貴ふして実に攀《よ》ぢ難きことを、若し文巻を持つて明主を干《おか》さば、必ず高官を得、錦《にしき》を衣《き》て還《かえ》らん。
○日角月角《げつかく》高きは大貴なり。七星、額に排《つら》なつて兵帥《すい》に長たり。印堂日月骨更に高きは、身災害無く、人尽《ことごと》く畏《おそ》る。
○中正骨起きて二千石。陥《おちい》る時、男女早く孤栖《こせい》す（ひとり住む）。女に此の相有らば、須らく十嫁《か》すべし。男は当《まさ》に官爵退休《かんしやくたいきゅう》の時なるべし。
○八字の理紋、牛角《ぎゅうかく》に生ず。定めて知る、高貴にして公卿と作《な》ることを。
更に牛角の如き理紋見《あらわ》れば、此の人久しからずして王庭に立つ。
○牛角小紋生じて眉に入る。此の人、財帛発稽《はっけい》すること遅し。少年労落浮《ろうらく》
世に居す。老後の栄華、誰か知ることを得ん。
○眉上鹿角の紋双生す。此の人、形体常の人に異なり、若し帝庭に向って
芸業を呈《あらわ》さば、壇を築いて応《まさ》に上将軍に拝せらるべし。
○君を相するに眉上横紋出づ。怎奈《いかん》せん将来子孫を絶つことを。衣食眼前
介《たす》け有るに随ふ。老年労苦にして孤貧を受く。
○眉上の乱紋、悪相に応ず。奈《なん》ぞ頻《ひん》（妾のこと）愛《あい》に縁《よ》つて妻児を放つ。平
生の衣食、然も有りと雖《いえど》も、只是れ端《はし》無く見知少なし。
○印堂の竪骨《じゅこつ》、頂《いただき》に入る。拝爵加官寿命永し。隆高なること壁を懸けて

耳前に生じ、更に頂の方なるを見ば、才亦《ま》た整《ととの》はん。
○印堂潤沢、骨起つて高し。少年食禄、明朝を佐《たす》く。仰月偃紋《ぎょうげつえんもん》の額上は貴く、面円《おもてまど》かに光沢なるは、富みて雄豪なり。
○印堂痣《ほくろ》有る人、厄《やく》多し。食禄定めて須らく多くは職を退くべし。竪紋《じゅもん》合して娶《めと》る、両姓の妻《さい》。更に官事経移して戻《かたむ》くことを主る。
○印堂、眉間に黒子生ず。君須らく外人と争ふこと莫《なか》るべし。此の相、是を名づけて上獄と為す。争ふ時は責《せめ》を被《こうむ》り必ず刑に遭《あ》ふ。
○三峰紋理、印堂に通ず。異表、人を驚かして衆と同じからず。他日、身栄へて明主を佐《たす》く。定めて知る、官爵三公に至ることを。
○井字の横紋、印堂に生ず。此の人、形相尋常《よのつね》ならず。他時必ず朝官を主ること在り。孝子忠臣にして帝王を佐《たす》く。
○額上縦紋印裡に生ず。志雄《たけ》く心勇《ゆう》にして貴人の形なり。智者は命を知りて立ちどころに止まると雖《いえど》も、統《す》べて君主百万の兵を領せしむ。

○目下の竪紋、涙の垂るゝが如し。平生の衣食、只時に随ふ。眼前定めて見よ、児の介《たす》け無きを。宜しく他人を養いて義児と作《な》すべし。

○目下の横紋、両重を畳《かさ》ぬ。此の人、形相貧窮を主る。又兼ねて絶子多くは孤寡《こか》、乞《こ》ふて他児を養いて老に到つて凶《あし》し。

○紋理口に入る、悪形容。男女生じ来て功《こう》を願ふこと莫《なか》れ。細かに看よ、此の人終《つい》に吉《よ》からず。応《まさ》に知るべし、飢死《きし》して塵壟《じんろう》に向ふことを。

○口畔《はん》微生す、両縦の紋。此の人、心賤《いや》し、須らく親しむべからず。眼前家宅を安んずること有りと雖《いえど》も、他日蕭條《しょうじょう》（寂しきこと）として必ず貧を受く。

又云（七言長篇、二韻一協）

○額上分明に覆肝《ふくかん》有り。平生高貴にして人の歓びを得《う》。女は妃后《ひこう》と為《な》って皇室に居り、男は封侯《ほうこう》を得て大官有り。偃月司空《えんげつしくう》は家宅安し。小車紫孛《しょうしゃしばい》（紫気星と月孛）は藩垣《はんえん》（臣下、眷属のこと）少なし（小車は隠語。小車の反奢、赭奢同音。赤色、小黒気を帯ぶるなり。印堂、山根、赤黒を発すれば、子孫を刑し奴僕を剋するを主る）。横、中台（鼻のこと）を過ぎば瘟火《うんか》の厄（赤気鼻梁《びりょう》に横たはって必ず湯火傷を主る。黒気年寿を侵せば、須らく瘟疫の殃《わざわい》を妨ぐべし）。斜めに飛んで眼に入れば極刑干《おか》す（赤《しゃく》脈《みゃく》眼睛を貫く。身《み》、典刑《てんけい》を免《のが》れ難し）。涙痕垂珠《るいこんすいしゅ》（涙痕とは眼涕泣《ていきゅう》するが如し。垂珠とは眼下の黒靨）は、水厄を憂ふ。山紋額角《がくかく》は朝班《はん》に列《つら》なる。地閣縦横財分散す。年上、山根、仔細に看よ。山根細く断へて誠に難多し。印内糸の如きは恐らくは官没《な》し。枯準（鼻に肉なし）自然に算望《さんぼう》に乖《そむ》く。祖宅《そたく》は破れ多く、子は貧寒。掌中横紋、心に智無し。乱理人中は子息難《かた》し。龍角天庭《りゅうかくてんてい》、須らく牧《ぼく》伯《はく》なるべし。交鈎《こうこう》鼻上は盗に仍《よっ》て奸す。井字陰陽（三陰、三陽）終《つい》に自ら縊《くく》る。

酒池縷々《ろうろう》（糸筋の如し）は波瀾に喪《ほろ》ぶ。懸針印に入りて妻の位を刑す。匱《き》（金甲）を破り顴を侵せば権位《けんい》難《かた》し。孛《はい》（月孛）刃刀《じんとう》を帯びて、人殺《さつ》を帯ぶ。若し紫気に臨《のぞ》まば性寛なること無し。祖墓《そぼ》墳塋遷《うつ》つて後敗《やぶ》る。必然として四墓乱れて繽繙《ひんぱん》、駅馬《えきば》起きて定めて遊宦《ゆうかん》（宮仕へ）の子。口、裙褶《くんしゅう》（袴の襞）の如くにして孤単《こたん》（ひとりもの）を主る（口、皺紋に似たるは子孫を得難し）。奸門《かんもん》、乱理多くは淫蕩。魚尾《ぎょび》修《しゅう》長は老いて停まらず。三壬《さんじん》額に居して寿夭《みじか》かるべし（額、紋理多きを言ふ。少年の人は利あらず。老成は亦美とすべし。最も一例に記すること勿れ）。八字寛宏《かんこう》少しく亨《とお》ることを主る（少壮の徒は良からず。頒《はん》白の人は常と為す）。法令《ほうれい》頷《おとがい》を過ぎて寿考を知る。縦横口に入れば死して粮《かて》無し。舌上縦紋、身必ず貴し。温紅掌に在りて福峥嶸《そうこう》たり。

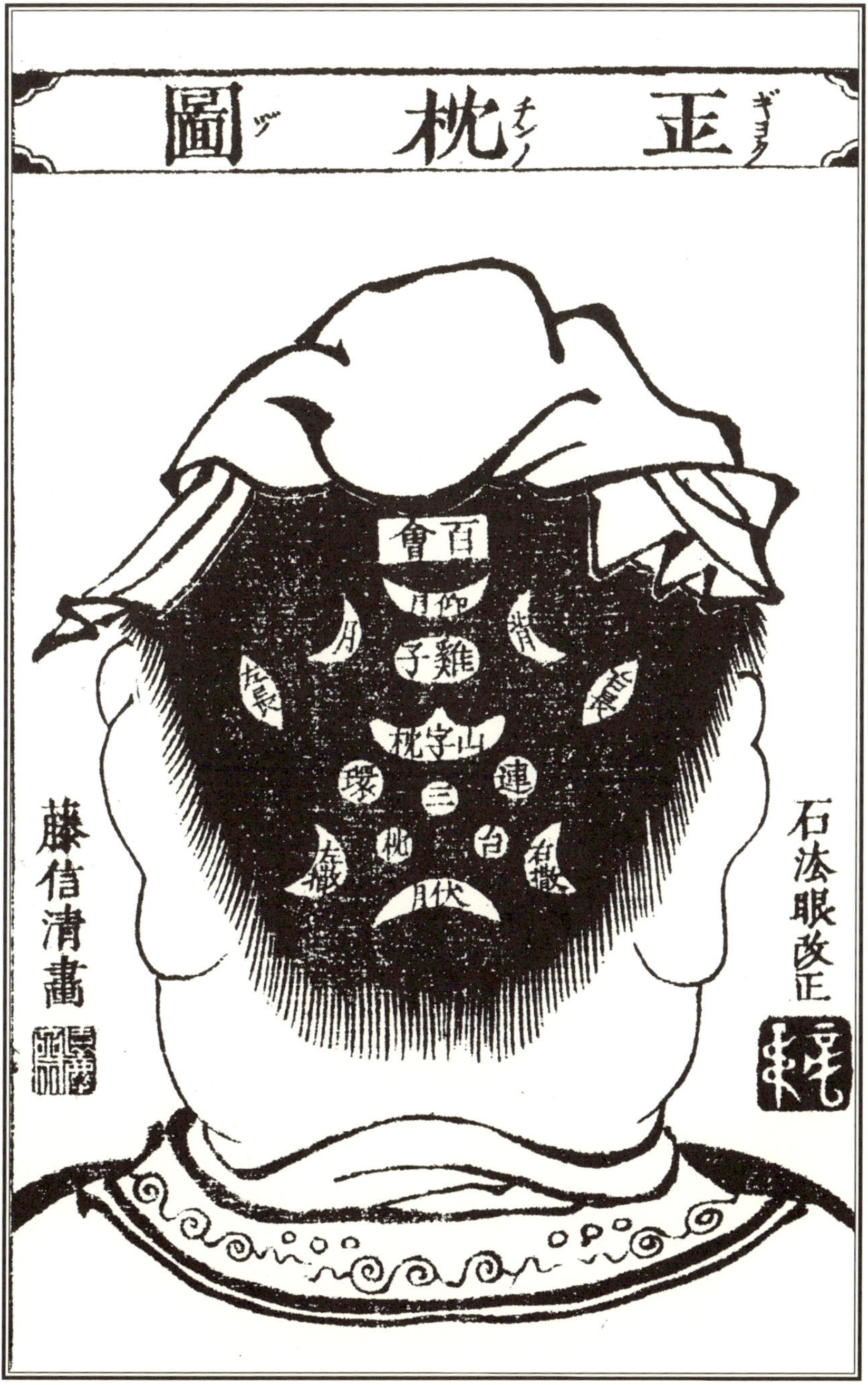
正《ギヨク》枕《チン》圖《ヅ》
百會
仰月
背
月
雜子
左長
右長
山字枕
連
環
三
枕
白
左撒
右撒
伏月
藤信清畫
石洗眼改正

枕骨を相するの論

○人の骨法中貴なるは、頭額の骨出るは莫し。頭額の奇《き》なるは、脳骨に出るは莫し。誠忱《せいしん》（誠有る）の人には枕骨有り。山石の玉有り、江海の珠有るが如く、一身以て其の栄顕《えいけん》を恃《たの》むなり。故に人、奇骨有ると雖《いえど》も、亦た須らく形貌相副《あいたす》くべし。神気清越《せいえつ》にして、方《まさ》に天禄《てんろく》を受けん。然らずんば恐らくは未だ善を尽くさず。夫れ脳の後《しりえ》を名づけて星台《せいたい》と曰ふ。其の骨有るは、名づけて枕骨と曰ふ。凡《およ》そ豊かに起る者は富貴、低陥なる者は貧賤なり。

枕骨図式の部

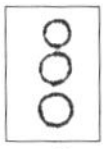
三骨皆円きを、名づけて三才枕《さんさい》と曰ふ。使相《ししよう》を主る。

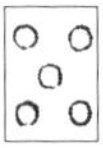
四角各々一骨聳《そび》へ起る。中央亦た聳ゆるを名づけて五岳枕と曰ふ。封《ほう》侯《こう》を主る。

四辺高く中央凹《くぼ》きを、名づけて車軸《しやじく》枕と曰ふ。公侯を主る。

両骨尖り起るを、双龍《そうりゆう》枕骨と為す。節枢《せつすう》将軍を主る。

三骨並び起るを、名づけて連光《れんこう》枕と曰ふ。小なる者は二千石、大なる者は将相《しょうしょう》。

一骨聳へ起て而して円《まど》かなるを名づけて円月枕と曰ふ。館殿清職《かんでんせいしょく》を主る。

背月《はいげつ》枕は外国に名有り。

一骨彎《わん》として上を仰《あお》ぐを、名づけて偃月《えんげつ》枕と曰ふ。卿監《けいかん》を主る。

一骨彎として下に俯《ふ》すを、名づけて覆月《ふくげつ》枕と曰ふ。朝郎を主る。

二骨俯仰するを、名づけて相背枕と曰ふ。文武防団《ぼうだん》を主る。

上《かみ》一骨、下《しも》二骨分排《ぶんぱい》するを、名づけて三星《さんせい》枕と曰ふ。又三台《さんたい》枕と曰ふ。両副制館《ふくせいかん》の職を主る。

四方骨皆起り、一骨角《かど》あるを、名づけて崇方《そうほう》枕と曰ふ。二千石を主る。大なる者は代禄《だいろく》（代禄は世禄に同じ。旧本代禄に作る非なり。台は大と義同じ。蓋し台代音の訛《あやま》りなり）。

上方《かみけた》に、下円きを、名づけて垂露《すいろ》枕と曰ふ。員外郎《うんがいろう》を主る。

懸針《けんしん》枕。垂針枕。玉枕に在れば、又多寿を主る。

酒樽《しゅそん》枕。貴きに近づくことを主る。禄有りて官無し。

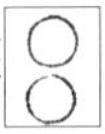上下円《まど》かに高く、稜《りょう》無く盆《ぼん》に似たるを、名づけて玉樽《ぎょくそん》枕と曰ふ。卿《けい》相《しょう》を主る。小なるは刺史《しし》。

回環《かいかん》枕。又率輻《そつぷく》枕と名づく。父祖子、皆貴し。

連環《れんかん》枕。又列環《れつかん》枕と名づく。玉堂と相侵《あいおか》せば、貴寿を主る。性常ならず。

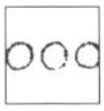如珠《にょじゅ》枕は、貴きに近づいて而して実ならざることを主る。

鶏子《けいし》枕は、性焦烈《しょうれつ》、多くは自ら是《よし》とすることを主る。

一字枕は、誠信《せいしん》を主る。貴ふして性剛《ごう》なり。

山字枕、又横山《おうざん》枕と名づく。并びに一字枕と同じ。

三関《さんかん》枕は、一門数貴有ることを主る（関《かん》、貫《かん》と同音。三関は即ち三貫なり）。

丁字《ていじ》枕は、性寛《かん》にして貴きに近づくことを主る。

上字枕は、志高く胆《きも》大いなり。成《せい》有り、敗《はい》有り、少しく貴し。

○経《けい》に曰く、凡《およ》そ人、此の玉枕有るは、及び字形を成《な》すは、皆貴相を主る。僧道《そうどう》の人の如き、貴からずと雖《いえど》も、又寿命長遠を主る。凡そ人、玉枕但稍《ただやや》骨有りて微《すこ》しく起るは、皆禄寿を主る。平下にして無きは、禄寿遠《ひさ》しふし難し（遠は久なり）。婦人に有るは、皆貴きことを主る（貴からざれば寿）。

腰鼓《ようこ》枕は小貴にして定めること無きことを主る。成敗反覆《はんぷく》多し。

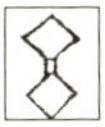二骨起り分れて四角なるは、名づけて懸計《けんけい》骨と曰ふ。節察《せつさつ》の武臣を主る。

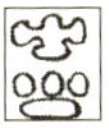三骨直《ただ》ちに起り、一骨下に横たはつて之を承《う》くるを、名づけて山字枕

と曰ふ。寿を主る。聡明富貴なり。

○□一骨円《まど》かに一骨方《けた》なるを、名づけて畳玉《じょうぎょく》枕と曰ふ。富んで而して栄《さこ》ふることを主る。

△一骨聳《そび》へ起て而して尖り峻《するど》きを、名づけて象牙《ぞうげ》枕と曰ふ。兵将《へいしょう》の権を主る。

一骨横に截《た》つを、名づけて一陽《いちよう》枕と曰ふ。巨富《こふ》高寿を主る。

右長《うちょう》枕、左長《さちょう》枕、右撤《うさつ》枕、左撤《ささつ》枕、皆少しく貴し。寿を主る（撤は摩《なで》るなり。正、擦《さつ》に作る）。

○大凡《おおよ》そ枕骨を得んと欲するに、其の下なる者は脳を過ぎて而して弁じ難し。上に近き者は浅ふして而して験《こころ》み易し。骨は一定の相、之れ有るときは則ち応ず。故に古人言へること有り。頭《かしら》に悪骨無く、面に好痣《こうし》（よきホクロ）無し。斯《こ》の言、之《これ》を信《しん》とす。

骨節を相する詩に曰く（五言律。合せて六首）

○骨節は豊隆を要す。天中上に向つて攻《かた》し。横生は封爵《ほうしやく》（位につく）を主り、鶏子は定めて孤窮《こきゆう》。龍角《りゆうかく》双柱の如きは（双顴、隆《さか》んに起るは、之を龍角骨と謂ふ）、朝に陞《のぼ》つて始終有り。印堂三寸起る、伯牧《はくぼく》位、相《あい》同じ。

○鼻と山根と直《なお》し。婚《こん》を求むるに帝室に同じ。両顴《けん》欹《そばだ》つて更に露《あらわ》るゝは、権勢《けんせい》尽《ことごと》く空と成る。懸壁《けんべき》須らく豊起なるべし。欹斜《きしや》すれば必ず禍《わざわい》に逢《あ》ふ。巨鼇《こごう》（大亀）脳戸《のうこ》に連《つら》なつて（印堂瑩《ひかり》昭《あき》らかに鼻梁《びりよう》骨高く、直《ただ》ちに上つて脳を貫く。之を巨鰲《こごう》と謂ふ）、宰輔《さいほ》の位、尊崇《そんすう》す（鼇《ごう》は凸起《てつき》なり。或は鰲に作る。勢有るなり）。

○精舎《せいしや》林中広《ひろ》し。仙風道骨蔵《かく》る（仙舎《せんしや》肉盈《み》ちて而して勢い天庭《てんてい》に向い、山林骨隆んにして而して髪中に並び入る。此の二格を兼《か》ぬるは仙風道骨なり）。伏犀三路《ふくさいさんろ》起る（天中日月三処に起る。是を号《なづ》けて伏犀三路と曰ふ）、僧道最《もつと》も良《よし》とす。駅馬辺地《えきばへんち》に連《つら》なつて、兵権一方を守る。金城五指を分つて（城、或は神に作る、非なり。印堂の骨隆んに起り、五指を排《なら》べるが如きを言ふ）、極品岩廊《ごくひんがんろう》に在り。
○武庫《ぶこ》宜しく将と為《な》るべし。傾欹《けいき》するは必ず亡《ほろ》ぶることを主る。玉梁耳鼻を拱して（額円く眉骨横たはるを玉梁と為す。鼻の勢ひ、印堂に連《つら》なるを棟梁《とうりよう》とす）、清顕《せいけん》文章に富む。大海尖つて括《くく》るが如きは、支干折傷《しかんせつしよう》を慎《つつし》め。奸門《かんもん》は平闊を欲す。低陥は定めて淫娼《いんしよう》（いたづらもの）ならん。
○玉楼《ぎよくろう》、指を伏《ふ》するが如きは（耳根を寿骨とす。堅《かた》く鮮《あざ》やかなることを要す。耳上を玉楼骨とす。亦た然り）、名、三台の位より重し。牛角虎眉《ぎゆうかくこび》に連《つら》なり、直ちに起つて宜しく衛侍《えじ》なるべし。日角の父康寧《こうねい》。月欠くれば母は備《そな》はり難し。項後両頤を見《あらわ》して、兄弟多くは不義。
○寿の綿遠《めんえん》を知らんと欲せば、耳後余地に聳《そび》ゆ。頬額、方にして且つ平なるは、揖譲《ゆうじよう》最も貴《たつと》きとす。更に患《うれ》ふ、虎龍を呑むことを（耳を龍とし、左は即ち青龍の位。眉を虎とす。上《かみ》、虎狼《ころう》の地に近し）。粗露切《そろせつ》に須らく忌むべし。既に聳《そび》へて堅《かた》く且つ明らかなるは巍々《ぎぎ》たる堂廟の器《うつわ》なり。
仙風又云く、
骨格精神形容、
総《すべ》て清き者を仙風とす。

面部の骨格を相す

○天中骨起れば、富貴を主る。陥欠《かんけつ》は田地無し。
○天中骨起て、節の太さの如く稜《りょう》有りて合するは、国師を主る。貴人に近づく。官、三品に至る。
○左右廂《しょう》骨起つて、禄二千石。骨肉相称《あいかな》へば、白衣の拝相《はいしょう》に至る。
○武庫《ぶこ》骨起つて上将と為る。
○輔角《ほかく》骨起れば、文案を能《よ》くす。合すれば太尹《たいいん》と為る。

○輔犀《ほさい》骨起て、侯伯に封ぜらる。一品の貴なり。
○輔骨《ほこつ》起て侍郎給事《じろうきゅうじ》中、中書舎人と為る。黄光なるが如きは、一品の貴なり。
○辺上骨起り、及び肉紅潤なるは、富貴を主る。
○辺地《へんち》骨起て、諫議《かんぎ》太夫、監察御史《かんさつぎょし》と為る。
○高広駅馬《こうこうえきば》、骨起れば、封侯《ほうこう》。大いに貴し。凡そ面部の骨隠然《いんぜん》として起るは、十年を出でず官と為《な》る。面肉色倶《とも》に好《よ》きは、五年の内、陞遷《しょうせん》するなり。
○天庭《てんてい》骨起て、紅潤なるは、丞相の位《くらい》なり。
○日月角起て、大貴を主る。父母栄《さこ》ふ。
○百合骨起つて、辺地《へんち》の将。高く聳《そび》ゆれば大貴を主る。
○懸角《けんかく》骨起り、或は肉黄なるは、七十日の内、三公卿相《けいしょう》を主る。天下の統《とう》帥《すい》たり。

○父墓《ふぼ》骨起れば、大いに貴し。子孫を蔭襲《いんしゅう》す。

○房心《ぼうしん》骨起れば、国師の位なり。

○四殺《しさつ》骨起て、節度使《せつとし》。

○戦堂《せんどう》骨起つて、驃騎《ひょうき》将軍、節度副使《せつとふくし》、行軍司馬《こうぐんしば》の位と為《な》る。

○司空《しくう》骨起れば、刺史員外郎《ししうんがいろう》、省舎《せいしゃ》人の位なり。

○額角《がくかく》骨起れば、司徒《しと》、太保《たいほ》の位なり。

○道中骨起れば、遠州《えんしゅう》の刺史《しし》。

○交額《こうがく》骨起つて、小官、寿有り。

○重眉《ちょうび》骨起れば、小貴を主る。節行有り、人として性常ならず。

○山林骨起れば、州牧《しゅうぼく》の位なり。

○中正骨起れば、司馬令長《しばれいちょう》。

○龍角《りゅうかく》骨起れば、封侯《ほうこう》、尚書、僕射《ぼくや》を主る。

○虎眉《こび》骨起て、将軍と為る。
○華蓋《かがい》骨起るは、富寿の人なり。
○福堂骨起れば、三品の官を主る。
○郊外《こうがい》骨起るは、三品の卿《けい》。大いに貴し。
○両眉の関門《かんもん》の骨起り合すれば、国師の位、及び庫蔵《こぞう》の銭物を得《う》。肉陥《おちい》るは、市に死することを主る。此の部、牢獄《ろうごく》に近ければなり（印堂、一名は詔《しょう》獄《ごく》。故に近しと云ふ）。
○山根骨起て、釵股《さこ》の如く、上に稜《りょう》有つて刀背に似て玉枕に至る者にして、或は新月の様《よう》の如く明潤にして異なる者は、大将軍の位と為る（僧道の如き、万人の上に立つことを主る）。
○太陽、太陰、骨起て、御史太夫と為《な》る。
○三陰、三陽、明浄なるは、貴きことを主る。子孫昌《さか》ふ。

○天門骨合すれば、四方の朋友《ほうゆう》、及び兄弟姉妹の力を得。
○子位豊満《ほうまん》は、子孫多きことを主る。
○年寿、準頭《じゅんとう》、骨起り、隠々然《いんいんぜん》として勢ひ印堂を貫《つらぬ》き、黄光明潤なるは大貴福寿を主る。庶人之を得れば、白手にして家を興《おこ》す。貴人を見るに利《よろ》し。
○甲匱《こうき》骨起れば、女は后妃《こうひ》を主り、男は金吾《きんご》将相と為《し》て兵を領《りょう》す。
○虎耳《こじ》骨起れば、大貴なり。
○命門骨起れば、長寿。陥低并びに色悪《あ》しきは然らず。
○法令《ほうれい》骨起れば、大理《り》主事少卿《けい》等の官と為《な》る。色悪《あ》しきは多厄を主る。
○井竈《せいそう》骨起て、田宅に宜し。
○懸壁《けんぺき》骨起り及び肉満《み》つるは、奴僕に宜し。陥《おちい》る者は無し。
○承漿《しょうじょう》骨満つるは、富を主る。酒食《しゅしょく》足《た》る。
○地閣骨満ちて天に朝するは、福禄を主る。屋宅憂《うれ》い無し。

○地倉骨起れば、富貴なり。
○燕頷《えんがん》骨起れば、大富貴。
○印堂骨起りて合すれば、太師《たいし》印綬《いんじゅ》、一品太保《たいほ》、司徒《しと》等の位を主る。
○中正骨起つて玉枕に至るは、二品より三品に下る。
○司空《しくう》骨起つて玉枕に至るは、三品より四品に下る。
○天庭《てんてい》骨起つて玉枕に至るは、四品より五品に下る。
○天中骨起つて玉枕に至るは、五品より六品に下る。
○伏犀《ふくさい》骨起つて玉枕に至るは、六品より七品に下る。
○坤山《こんざん》骨起つて玉枕に至るは、七品より八品に下る。
○鳳池《ほうち》骨起つて玉枕に至るは、八品より九品に下る。
○華蓋《かがい》骨起つて玉枕に至るは、九品より雑《ざつ》流に下る。少しく貴し。此等の骨、皆稜利《り》有るに似たり。手を以て之を捫《なず》れば、隠々然として刀背に似たることを覚ゆ。禄寿富貴を主る。
○玉枕骨方に起ること三寸、像《かたち》有りて二十九般《はん》の骨節に似て、刀背の如きを上とす。若《も》しくは鶏子、横山、或は仰月、覆《ふく》月、背月、玉環等の様に似たるは、皆寿を主る。常に異なり（上に図する所の枕骨三十五般、箇《この》中、鶏子、横山、仰月、覆月、背月、連環枕等を除きては、則ち二十九般なり）。女人玉枕骨の気無きに似て、之れ有るは吉。骨現れて釵股《さこ》（かんざし）の様の如く起るは、大貴を主るなり。
○又云く、伏犀骨《ふくさい》三つ有り。大きさ小指の半《なかば》の如く、稜有りて線の如く起るは、位上品を極《きわ》む（懸犀骨《けんさい》、是なり）。骨五指を伏《ふく》するが如きを、名僧骨とす（二祖神光の頭骨の如き、是れなり）。稜角《りょうかく》有りて大指の如きは、上将軍（此を伏犀骨と名づく）。玉枕、頭額《ずがく》、各々取ること有り。

十三部位総括《そうかつ》の詩

○十三部位は、乃《すなわ》ち百三十部位の総関《そうかん》なり。額上《がくじょう》五部、天中、天庭《てんてい》、司空《しくう》、中正、印堂、横列《おうれつ》合して五十位、初運《しょうん》を主るなり。鼻中《びちゅう》四部、山根、年上、寿上、準頭《じゅんとう》、横列合して四十位、中運《ちゅううん》を主るなり。頦下《がいか》四部、人中、水星、承漿《しょうじょう》、地閣、横列合して四十位、晩運《ばんうん》を主るなり（後に図有り）。

詩に曰く

第一天中天岳に対す。
左廂《さしょう》、内府《だいふ》、相《あい》連続す。
高広《こうこう》、尺陽《せきよう》、武庫《ぶこ》同じ。
軍門、輔角《ほかく》、辺地《へんち》足《た》る。

詩に曰く
第二天庭《てんてい》日角に連《つら》なる。
天府《てんぷ》房心父墓《ふぼ》の約《やく》。
上墓四殺戦《せん》堂同じ。
駅馬《えきば》弔庭善悪《ちょうていぜんあく》を分つ。

詩に曰く
第三司空額角《しくうがくかく》の前。
上卿《じょうけい》少府位《くらい》相連《あいつら》なる。
交友《こうゆう》道中交額《こうがく》好《よ》し。
重眉《ちょうび》山林聖賢《せいけん》を看《み》る。

詩に曰く
第四中正龍角《りゆうかく》に接《せつ》す。
虎眉《こび》牛角《ぎゆうかく》及び輔骨《ほこつ》、
玄角斧戟《ふげき》華蓋《かがい》を立つ。
福堂郊外《こうがい》色悪《あし》きを嫌《きろ》ふ。

詩に曰く
第五印堂額路《がくろ》の裡《うち》。
左月《さげつ》蚕室《ざんしつ》林中起る。
酒樽精舎及び嬪《ひん》門。
却《こう》門巷路《こうろ》青路《せいろ》の尾。

詩に曰く

第六山根太陽に対す。
中陽少陽并びに外陽。
魚尾《ぎょび》奸門《かんもん》天倉《てんそう》接《せつ》す。
天井《せい》天門玄《げん》中蔵《かく》る。

詩に曰く

第七年上夫《ふ》座《ざ》参《まじ》ゆ。
長中少男《ちょうちゅうしょうなん》外男と、
金匱《き》禁《きん》房賊盗動《ぞくとうご》く。
遊軍《ゆうぐん》書上玉堂庵《あん》。

詩に曰く
第八寿上甲匱《こうき》依《よ》る。
帰来《きらい》堂上正面《せいめん》の時、
姑姨《こい》顴勢《けんせい》兄弟好《よ》し。
外甥《せい》命門学堂《がくどう》の基《もと》。

詩に曰く
第九準頭蘭廷《じゅんとうらんてい》正し。
法令竈上《ほうれいそうじょう》宮室盛《さか》んなり。
典御園倉《てんぎょえんそう》後閤《かく》連《つら》なる。
守門兵卒印綬《しゅもんへいそついんじゅ》成《な》る。

詩に曰く

第十人中井部に対す。
帳《ちょう》下《か》細《さい》厨《ちゅう》内閣附《ふ》す。
小《しょう》使僕《しぼく》徒妓《とぎ》堂《どう》の前、
嬰門《えいもん》博士《はくし》懸壁《けんべき》の路《みち》。

詩に曰く

十一水《すい》星閣門対す。
比隣《ひりん》委巷《いこう》通衢《つうく》至る。
客舎兵蘭《へいらん》家庫《かこ》の中、
商旅生門山頭《さんとう》継ぐ。

詩に曰く
十二承漿《しょうじょう》祖宅《そたく》安し。
孫宅《そんたく》外院《いん》林苑《えん》看《み》る。
下墓庄《しょう》田酒池《しゅち》の上、
郊郭荒坵道路《こうかくこうきゅうどうろ》の端《はし》。

詩に曰く
十三地閣下舎《しゃ》随《したが》ふ。
奴僕碓磨《たいま》坑塹《こうざん》危《あやう》し。
地庫陂池《ちこひち》及び鵝鴨《がおう》、
大海舟車憂疑《ゆうぎ》無《な》し。

十三部位異名

○天中（一名は帝座《ていざ》）天岳（一名は詔獄《しょうごく》）左廂《さしょう》（右を右廂とす）輔角《ほかく》（一名は弓弩《きゅうど》）辺地《へんち》（又、辺上、辺庭と名づく）○天庭《てんてい》（一名は天牢《てんろう》、又、鴻臚寺《こうろじ》と曰《い》ふ。又、四方館と称す）日角（右を月角《げつかく》とす）天府《てんぷ》（一名は玉府）父墓《ふぼ》（右を母墳《ぼふん》とす。合して墳墓と曰ふ）駅馬《えきば》（別名は喝唱《かつしょう》）○司空《しくう》（一名は司徒《しと》）道中（一名は衡上《こうじょう》）重眉《ちょうび》（一名は玄中）山林（一名は崖邑《がいゆう》）○龍角《りゅうかく》（一名は蟠角《ばんかく》）虎眉《こび》（一名は疑路《ぎろ》）牛角《ぎゅうかく》（一名は羊角）華蓋《かがい》（一名は厄《やく》門《もん》）郊外《こうがい》（左を繁霞《はんか》とし、右を彩霞《さいか》とす）○印堂（医書に之を闕庭《けってい》と曰ふ。一名は命宮。一名は牢獄《ろうごく》。一名は明堂《めいどう》。○医家に鼻を総て明堂と曰ふ。相家に鼻を総て疾厄宮と曰ふ。其の理一なり）額路《がくろ》（一名は刑獄《けいごく》。一名は交鎖《こうさ》）左月《さげつ》（右を右月《うげつ》とす）○山根（一名は玉衡《ぎょくこう》。一名は廷中《ていちゅう》）太陽、中陽、少陽（右を太陰、中陰、少陰とす。左右合せて三陰、三陽と曰ふ。女の陰陽は男子に反ふ）外陽（右を外陰とす）魚尾《ぎょび》（一名は盗部《とうぶ》）奸門《かんもん》（左を妻位とし右を妾位とす。女子は右を夫宮とし左を子宮とす）天倉《てんそう》（一名は軍門）○夫座《ふざ》（右を妻座《さいざ》とす）

長男《ちようなん》、中男《ちゆうなん》、少男《しようなん》（右を長女、中女、少女とす）外男（右を外女とす。一名は外院）○甲匱《こうき》（一名は財府《ざいふ》。又、財庫《ざいこ》と名づく）姑姨《こい》（左舅《きゆう》を主り、右は姑《こ》を主る。又、伯叔の位を主る）兄弟《きようだい》（右を姉妹《しまい》とす）○蘭庭《らんてい》（乃《すなわ》ち両金の甲、左を蘭台《らんたい》とし、右を廷尉《ていい》とす。合して台尉《たいい》と称す）法令《ほうれい》（一名は金縷《きんる》）竈上《そうじよう》（一名は城中《じようちゆう》）典御《てんぎよ》（一名は貴衣《きい》）後閣（一名は承使《しようし》）守門《しゆもん》（一名は地倉）印綬《いんじゆ》（一名は軍門。一名は兵人）○人中（一名は溝洫《こういき》。一名は子宮）井部（一名は仙庫《せんこ》。一名は禾倉《かそう》）細厨《さいちゆう》（左を食倉とし、右を禄倉とす。左右合して食録と曰ふ）○通衢《つうく》（一名は劫門）兵蘭《へいらん》（一名は兵列《へいれつ》）家庫《かこ》（一名は家倉）山頭《さんとう》（一名は開頭《かいとう》）○祖宅《そたく》（一名は頌堂《じゆどう》）郊廓《こうかく》（一名は郊野《こうや》。一名は野上《やじよう》）○地庫《ちこ》（一名は地倉）陂《ひ》池《ち》（一名は陂塘《ひとう》）○妻座《さいざ》（一名は婦座《ふざ》）○学堂《がくどう》（一名は学館《がつかん》）○智識《ちしき》（眼の上輪）○臥《が》蚕《さん》（眼下）○涙堂《るいどう》（臥蚕《がさん》、顴骨《けんこつ》の中間陥る所）○龍宮《りゆうぐう》（眼の四囲。又云く、仙舎《せんしや》の上《かみ》。一名は龍穴《りゆうけつ》。一名は鳳池《ほうち》）○仙舎《せんしや》（年寿の左旁《さほう》。或は精舎に作る）○香田《こうでん》（年寿の右の旁《わき》。或は光殿に作る）○風門《ふうもん》（耳門なり。一名は聴堂）○墻壁《しようへき》（耳前より顋に至る）○金府《きんぶ》（上

唇。一名は金覆《きんぶ》）〇金才《きんさい》（下唇。一名は金載《きんさい》）

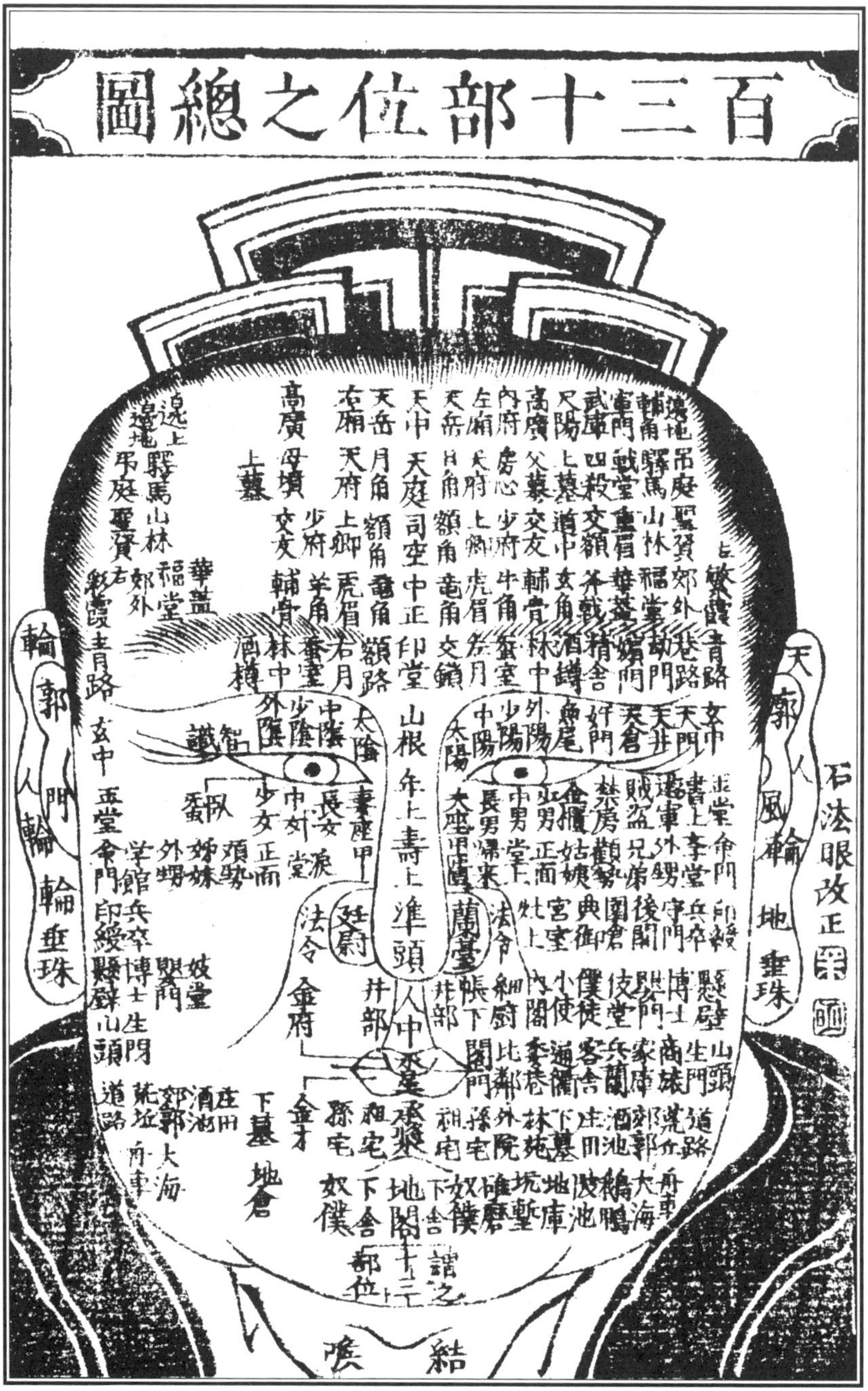
百三十部位之總圖
石法眼改正
天中
天庭
司空
中正
印堂
山根
年上
壽上
準頭
人中
地閣
蘭臺
廷尉
法令
金府
輪
郭
天輪
人輪
地輪
垂珠
喉
結

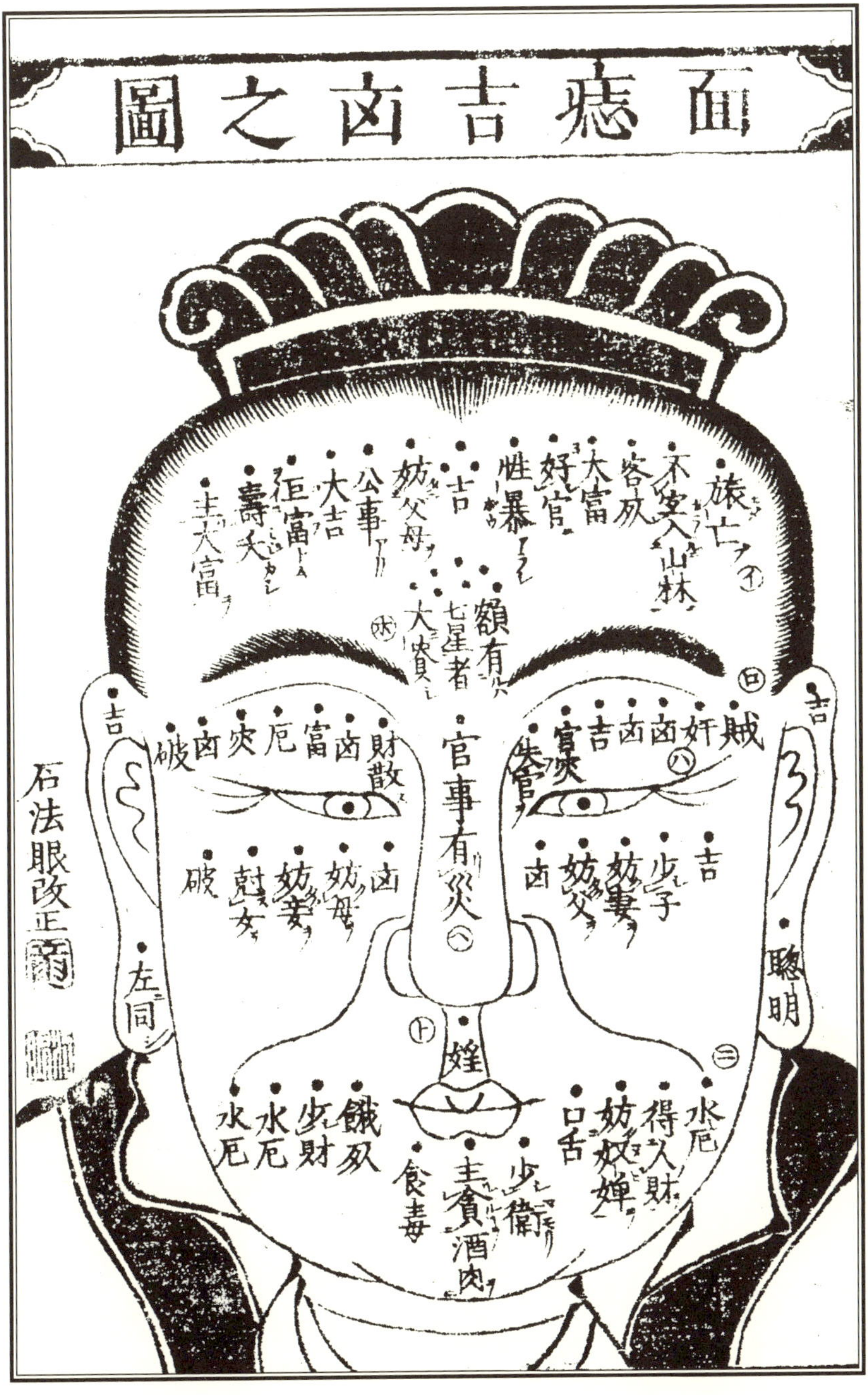

面痣吉凶之圖
旅亡
不寧入山林
客死
大富
好官
性暴
吉
妨父母
公事
大吉
任富
壽夭
主大富
額有七星者大貴
賊
奸
凶
凶
吉
官災
失官
財散
凶
富
厄
災
凶
破
官事有災
吉
少子
妨妻
妨父
凶
凶
妨母
妨妻
尅女
破
吉
聰明
吉
左同
石法眼改正
婬
水厄
得入財
妨奴婢
口舌
少衛
主貪酒肉
食毒
餓死
少財
水厄
水厄

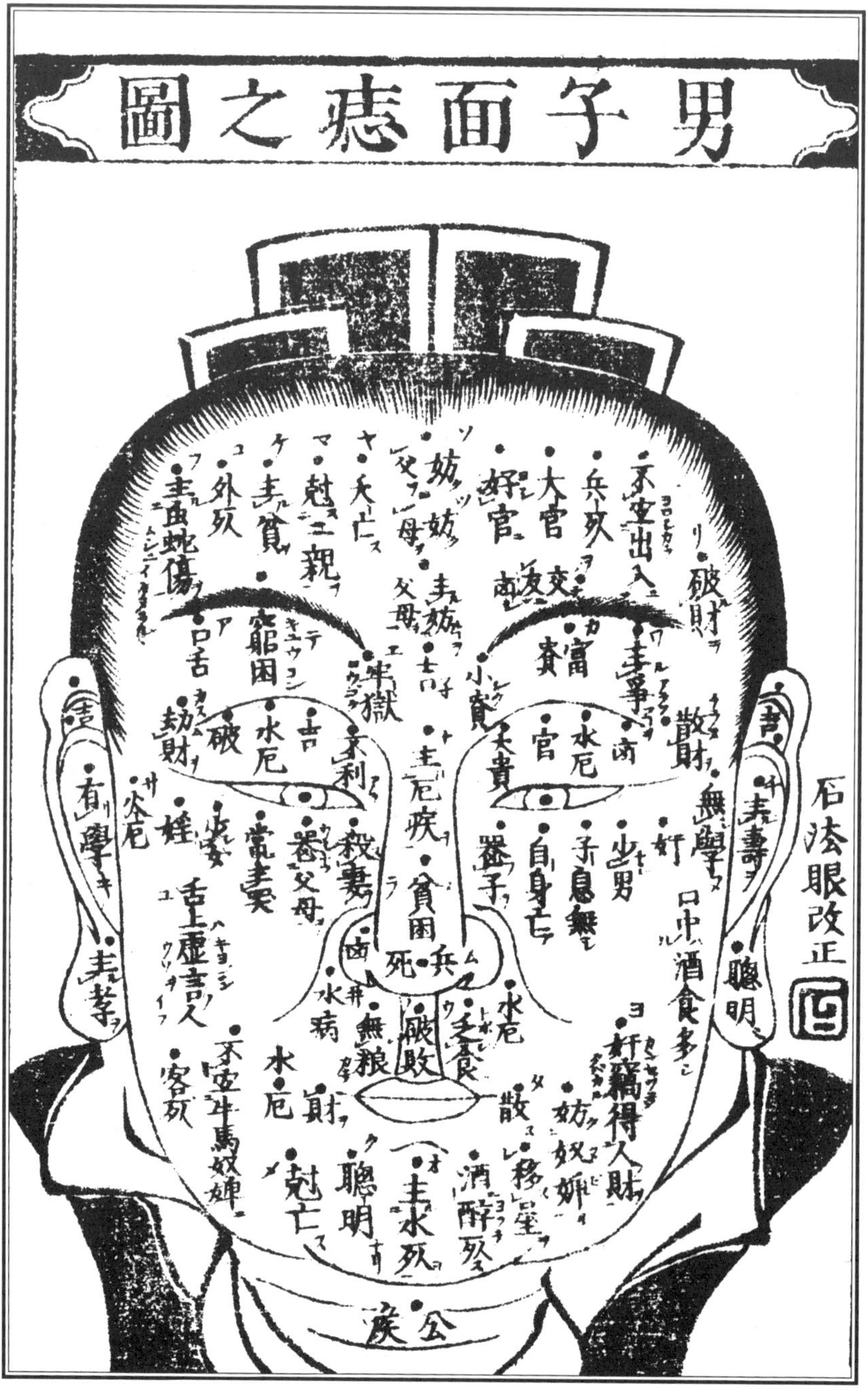
男子面痣之圖
石法眼改正

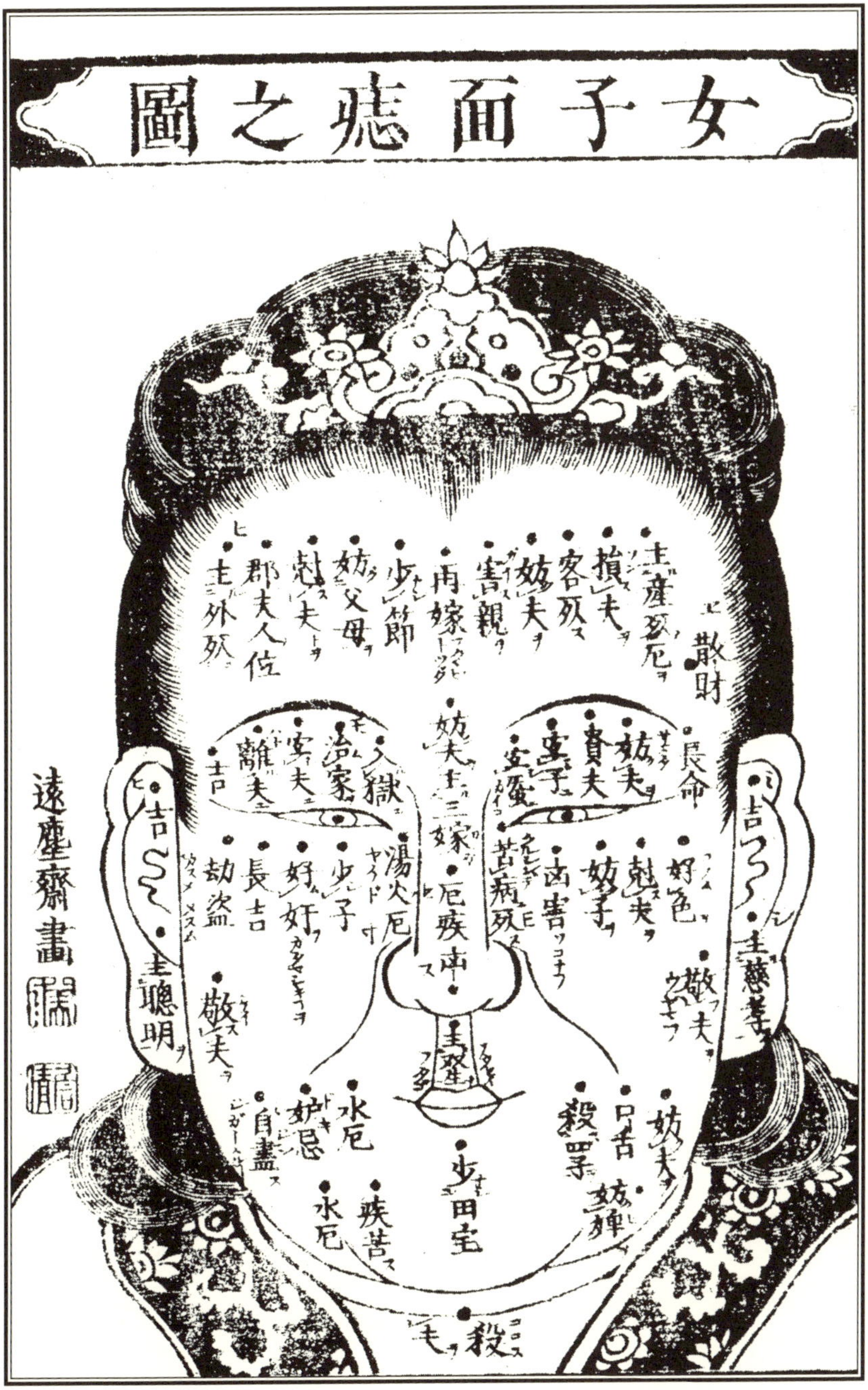
女子面痣之圖
遠塵齋畫
散財
長命
好色
敬夫
主慈善
主聰明
客死
損夫
妨夫
害親
再嫁
步節
妨父母
刑夫
郡夫人位
主外死
入獄
湯火厄
劫盜
長吉
口舌
水厄
疾苦
自盡
田宅
殺

黒子を論ず（色白く、或は肉色に同じきは黒子に非ず。即ち疣目《ゆうもく》）

○夫《そ》れ黒子は、山の林木を生じ、地の堆阜《たいふ》（小高き処）を出すが若し。山に美質《びしつ》有るときは、則ち善木を生じて以て其の秀を顕し、地に汚土《おど》を積むときは、即ち悪阜を生じて、以て其の濁を示す。万物の理、皆然り。是を以て、人に美質有るや。則ち異痣《いし》を生じて以て其の貴きを彰《あらわ》す。濁質有るや。則ち悪痣を生じて以て其の賤しきを表す。故に漢の高祖、左の股《もも》に七十二の黒子有り。則ち帝王の瑞相《ずいそう》を現すなり。凡そ黒子顕処に生ずる者の多くは凶、隠処に生ずる者の多くは吉。面上に生ずるは皆利あらず。且つ其の色黒きこと漆の如く、赤きこと硃《しゅ》の如きは善なり。青黒にして潤ひ有るも、又佳なり。赤きを帯ぶるは、口舌闘競《とうきょう》を主り、白きを帯ぶるは、憂驚刑厄《ゆうきょうけいやく》を主る。黄を帯ぶるは、遺忘《いぼう》（物忘れ）失脱《しつだつ》を主る。此れ義理の弁なり。

頭面の黒子を相す

○凡そ痣隠《いん》中に生ずるは、富寿を主る。上に近き者は、尤《もつと》も極めて貴し。額上に七星有るは、大貴を主る。天中は父を妨ぐることを主り、天庭《てんてい》は母を妨ぐることを主る。司空《しくう》、中正は、父母を妨ぐることを主る。印堂の中に当るは貴きことを主る。両耳輪《りん》は、聡慧《そうけい》を主る。耳内は寿を主る。耳珠《じしゅ》(耳たぶ)は財を主る。眉上は窮困《きゅうこん》多し。眉中は富貴を主る。眼眩《がんげん》(まぶた)は賊を作《な》すことを主り、眼上は吉利を主る。山根は厄疾を主り、山根の上は剋害《こくがい》を主り、山根の下は兵死を主る。年寿は貧困《ひんこん》を主り、鼻側《びそく》(鼻の側)は病苦して死す。鼻梁《びりょう》は迍蹇《ちゅんけん》多滞《たたい》なり。鼻頭は妨害刀死《ぼうがいとうし》す。人中は婦《ふ》を求むること易く、口側は財を聚《あつ》むること難し。口中は酒食を主り、舌上は虚《きょ》言《ごん》を主る。唇下は破財多く、口角は職を失ふことを主る。承漿《しょうじょう》は酔死を主り、地閣は家居《かきょ》に少なきことを主る。左廂《さしょう》は横夭《おうよう》(若死に)を主り、高広《こうこう》は二親を妨ぐ。尺陽《せきよう》は客死を主る。軍門は兵死を主り、辺地《へんち》は外死を主り、輔角《ほかく》は下貧を主り、山林は虫傷《ちゅうしょう》を主り、虎眉《こび》は軍亡を主り、劫門《こうもん》は箭死《せんし》を主り、青路《せいろ》は客して而して傷亡《しょうぼう》することを主る。太陽、太陰は、夫婦の吉慶《きつけい》を主る。魚尾《ぎょび》は市井にして亡ぶることを主る。奸門《かんもん》は刃死《じんし》を主り、天井は水死を主り、林中は清慎《せいしん》を主る。夫座《ふざ》は夫《おっと》を喪《うしな》ふことを主り、妻座《さいざ》は妻を喪ふことを主る。長男《ちょうなん》は長子を剋することを主り、中男《ちゅうなん》は中子を剋することを主り、少男《しょうなん》は少子を剋することを主る（左を男宮とし、右を女宮とす。長中少女は準知せよ）。金櫃《きんき》は破敗《はばい》を主り、命門は火厄を主る。学堂《がくどう》は学無きことを主る。上墓は職無きことを主る。下墓は剋亡を主り、嬰門《えいもん》、小《しょう》使《し》は貧薄《ひんぱく》を主る。妓堂《ぎどう》は妻妾を剋することを主り、奴婢《ぬび》は奴婢を妨ぐることを主る。僕徒《ぼくと》は僕《ぼく》、賊《ぞく》を為すことを主る。懸壁《けんぺき》、盗部は奸窃《かんせつ》を主り、三陰、三陽は人を謀《はか》ることを主る。田宅は家、破散することを主り、祖宅《そたく》は屋《いえ》を移すことを主り、外宅は屋を無くすることを主る。両厨《りょうちゅう》は食乏しきことを主る。坑塹《こうざん》は崖より落つることを主り、陂池《ひち》は水に溺《おぼ》るゝことを主り、大海は水厄を主る。此れ面部の黒痣を相するの大略なり。

黒子を相するの歌

○天中は貴位居るに宜《よろ》しからず。男は父母を妨げ、女は夫を妨ぐ。若し天《てん》庭《てい》に見へば、市に死することを憂ふ。印堂は官事、或は災《わざわい》儲《もう》く。寿上は妻を妨ぐること尤《もっと》も自得たり。承漿《しょうじょう》酔中に在りて殂《ころ》すべし。女人の地閣、須らく産を憂ふべし。詔獄《しょうごく》、或は死囚に拘《こう》せらる。横事相《あい》妨げて左廂《さしょう》に出づ。若し高広《こうこう》に臨《のぞ》まば、二親無《む》なり。尺陽《せきよう》は他郷に往《ゆ》ひて、歿することを主る。魚尾奸門《ぎょびかんもん》は盗賊の辜《つみ》。華蓋《かがい》は暴《にわか》に亡び、天井は水。太陽は口舌、外陽は逋《に》ぐ。武庫《ぶこ》は兵を主り、辺地《へんち》は遠ざけらる。遊軍《ゆうぐん》は陣亡び、或は兵《へい》誅《ちゅう》。若し書上に在らば無学を憂ふ。井部は宜しく井厄《やく》の慮《おもんぱかり》有るべし。小使《しょうし》伎堂《ぎどう》並びに内閣は、侍養《じよう》無くして自ら区々《くく》することを主る。幃帕《いはく》を修めざるは閤門を看《み》よ。祖宅《そたく》生ずるが如きは故廬《こりよ》を没す。命門は作事《さじ》終始無し。学館《がっかん》看《み》来りて学豈《あに》余《あま》らんや。正口は囁嚅《しょうじゅ》（ささやくこと）多くは咀唔《そご》す（くひ違ふ）。帳厨（帳下、細厨）は妻室（妻）恐《おそ》らくは胥《あ》ひ難し。山根、鼻準《びじゅん》兼ねて台尉《たいい》。家業《かぎょう》飄零《ひょうれい》、骨肉疎なり。眼下は悲啼《ひてい》常に絶えず。耳根双《なら》び出でて商途《しょうと》に倒る。正面は為《な》す所、皆遂《と》げず。人中に有るが如き、一身孤《こ》なり。坑塹《こうざん》、陂池《ひち》、并びに大海、諸方に見えざれば始めて安舒《あんじょ》、旌《せい》を擁《よう》し節を杖《つ》く、何に由《よ》つてか得たる。痣有りて深く足底（足の裏）の膚《はだえ》に蔵《かく》る。

詩に曰く、

梁武貴妃《りょうぶきひ》赤痣を生ず。

五彩《ごさい》龍の如く下つて臂《ひじ》を遶《めぐ》る。

七星脇に在りて貴きこと卿《けい》為り。
未だ若かず、班々《はんはん》七十二には（高祖のこと）。

斑点《はんてん》を論ず

○雀卵斑《じゃくらんばん》は（雀卵斑は色頒白《はんぱく》。黒点有りて麻子の如し）、妻子為《な》し難く、作事《さじ》煩重《はんちょう》、及び便宜《びんぎ》を愛することを主る。女人は夫を傷《やぶ》り子を剋す。夭命《ようめい》にして不吉なり。
○黒豆斑《こくずはん》は（粗《ほぼ》雀卵斑より大なり）作事《さじ》沈重《ちんちょう》、其の奸詐《かんそ》便宜《びんぎ》を極《きわ》むることを主る。男は妻を傷り子を剋す。三度《みたび》新郎と作《な》る。女人も此の如くにして、亦た是の如しなり。

五色を論ず

○人は陰陽を抱《いだ》いて以て質《しつ》（生まれつき）とす。質成《な》るときは則ち五行の色属《ぞく》す（黒子斑点も亦た然り）。其の青色は木に属し、白色は金に属し、赤色は火に属し、黒色は水に属し、黄色は土に属す。故に人の五色、其の本色を得る者は正し。或は相生の色を得る者も善なり。然れども五色の地を得るは、春の色青きを見《あらわ》し、夏の色紅きを見《あらわ》し、長夏（土用のこと）黄を見《あらわ》し、秋の色白きを見《あらわ》し、冬の色黒きを見《あらわ》すも、又尽《ことごと》く善なり。若し春、白色有るを相剋《そうこく》とし、黄色を相反とし、黒色を相生とし、青色を比和《ひわ》とす。夏、黒色有るを相刑とし、白色を相反とし、青色を相生とし、赤色を比和とす。長夏、青色を相剋とし、黒色を相反とし、赤色を相生とし、黄色を比和とす。秋、赤色有るを相刑とし、青色を相反とし、黄色を相生とし、白色を比和とす。冬、黄色有りて相刑とし、赤色を相反とし、白色を相生とし、黒色を比和とす。猶審《なおつまび》らかに五行の形局《ぎやうきよく》を推《お》して而して凶吉を断《だん》ずべし。其の正形正色を得《う》る者は吉（木形青色、火形赤色の類、是なり）。反色を得る者は凶（土形黒色、水形黄色、是なり）。生色を得る者は吉（金形黄色、土形紅色、水形白色、火形青色の類。余は準知すべし）、此れ其の形色を相するの大略なり。

神相全編正義　巻下　終

原版慶安四辛卯歳暮秋吉且始成矣。
再校文化三丙寅歳孟春良辰筆削終。

神相全編正義跋

道の将《まさ》に行はれんとするか命なり。道の将に廃《すた》れんとするか命なり。此の書の将に行はれんとする其の来ること尚《ひさ》し。慶安《けいあん》辛の卯（文化元年まで百五十四年になる）の秋、書肆《しょし》一たび剞劂《きけつ》（版に彫《え》ること）氏の手を仮《かつ》てより、大いに世に行はるなり。然れども原本謬《あやま》り多く、読む者、之を苦しむ。唐船の書と雖《いえど》も亦た復爾《またしかり》。仮令《たとえば》長短参差《しんし》を長短無差《ぶさ》に作り、両唇鳥口《りょうしんちょうこう》を龍唇鳳口《りゅうしんほうこう》に作るの類。或は字音相近《あい》く、或は字形相似《あいに》たり。烏《う》、焉《えん》、馬《ば》と変ずるに至つて、毫厘《ごうり》（毛筋ほどのこと）千里を訛《あやま》り、其の他文脈の顛倒《てんとう》、義理《ぎり》の懸《けん》隔《かく》、挙《あ》げて計《かず》らふべからず。惜しい哉《かな》、百有余《よ》年の間、能《よ》く之を正す人無し。適《たまたま》、塞翁《さいおう》（郭塞翁）、退甫《たいほ》（新山退甫《にいやまたいほ》）が如き者の勃興《ぼっこう》すと雖《いえど》も、専業《せんぎょう》の暇《いとま》、之を正すに遑《いとま》あらざるか。抑《そもそも》所見（相書に見らるゝ）の徒《と》にして而して能見（よく見破るほど）の人に非ざるか。嗚呼《ああ》嘆息《たんそく》すべし。予幸ひに幼きより家君の命を受けて之を読む。之を読むこと久しふして而して頗《すこぶ》る其の意を得たり。暇《か》日（暇なるとき）、家君と討論参考《とうろんさんこう》して而して改正既《すで》に成《な》る。茲《ここ》に於て陳《ちん》（陳希夷）袁《えん》（袁柳荘）先生の本旨、粲然《さんぜん》として明白なり。蓋《けだ》し天機の書に於て、妄《みだ》りに筆削《ひっさく》を加ふべからずと雖《いえど》も、豈《あに》誤《あやま》りを知りて誤りを伝ふべけんや。此の挙《きょ》、唯《ただ》来学をして惑《まど》ひ無から使《し》めんが為《ため》なり。後進の明眼、再《ふたた》び予が誤りを訂《ただ》さば、慶快《けいかい》の至《いた》りなり。

時に文化改元甲子の歳、仲冬朔旦《さくたん》

東都　正観堂

石孝安藤原相栄謹んで識《しる》す。

神相全編正義跋

天機《てんき》を体《たい》とし、勧懲《かんちょう》（勧善懲悪）を用とす。之を舒《の》ぶれば六合（天地四方のこと）に弥《わた》り、之を捲《ま》けば握《おく》に盈《み》たず。性命の権《けん》を宰《つかさど》り、善悪の兆《ちょう》を定むるは、医相の主とする所なり。其の大本を知らんと欲せば、神相を捨てて何ぞ其の階梯《かいてい》に入らんと要せば、全編是れなり。然れども旧刊誤り多く、読む者憾《うら》む。吾が師石龍子先生、観相の遑《いとま》、其の顛倒《てんとう》を改め、訓点字義《くんてんじぎ》を正し、以て諸学士に便《たよ》りす。善い哉。此の書一たび出でて、後賢相法の規矩《きく》を失なはざらん。特《ひと》り規矩を獲《う》る而已《のみ》に非ず、復《また》医林の宝鑑《ほうかん》なることを知らん。吾れ不敏《ふびん》なりと雖《いえど》も相業の日に進む。実に師の恩恵なり。吾れ前《さき》に師を辞してより、二十余年、遠く米府（久留米）に徙《うつ》つて、恐らくは面謁《めんえつ》の期《き》無からんことを、近ごろ正義を再刻すと聞きて爵躍《じゃくやく》（喜びのあまり）に勝《た》えず、速かに東武（江戸）に詣《いた》つて其の成功を賀《が》す。先生徳容《とくよう》衰《おとろ》へず、道風《どうふう》倍々《ますます》盛《さか》んなり。即ち今斯《こ》の洪業《こうぎょう》を興《おこ》す。豈《あに》亦た宜《むべ》ならずや。初めて嗣子《しし》（世嗣）の孝安に謁す。学高く才寛《ゆた》かなり。師の左右に侍《はべ》つて預《あらかじ》め筆翰《ひつかん》を掌《つかさど》る。親子怠《おこた》らず、見聞太《はなは》だ快《こころよ》し。老夫幸ひに此の良会（良き折りに会ふ）に遇ふことを得て、終《つい》に愚昧《ぐまい》を忘れ、道徳を讃歎《さんたん》して、巻末に題すと也。爾《しか》云ふ。

時に文化二乙丑の歳。七月牛女の佳《か》会。

紫琳台《しりんたい》

南筑《ちく》米府　岩邑石庭《いわむらせきてい》、洞天居士、慎んで書す。

神相全編正義

定価：本体七、八〇〇円＋税

平成二十六年八月十二日　初刷発行

原著　陳　希夷
編訳　石龍子法眼
編集・校訂　八幡書店編集部©

発行所　八幡書店
〒108-0071　東京都港区白金台三丁目十八番一号
八百吉ビル４Ｆ
振替　〇〇一八〇─一─四七二七六三
電話　〇三（三四四二）八一二九

印刷／平文社　製本・製函／難波製本

ISBN978-4-89350-669-6 C0014 ¥7800E